平凡社新書
1059

葬儀業

変わりゆく死の儀礼のかたち

玉川貴子
TAMAGAWA TAKAKO

HEIBONSHA

葬儀業●目次

はじめに――「死の儀礼」を考えるということ

コンビニエンスストアに立ち寄ると、「結婚」に関する雑誌を目にすることがあると思います。しかし、「葬儀」に関する雑誌がコンビニエンスストアに常時置かれているというのを目にしたことはあるでしょうか。おそらく、「葬儀」という二文字を見る機会はほとんどないと思います。もしこの二文字を目にしたとしても、その雑誌をあえて手に取ってみようという気持ちにはなかなかならないのではないでしょうか。

人生の最期に向けた活動を意味する「終活」という言葉が定着して久しいですが、コンビニエンスストアでよく目にする雑誌などに「終活」という文字をあまり見かけない状況をみると、やはりその言葉の定着とは裏腹に、雑誌を読んで「さあ、準備しよう」と気持ちを高めることはそう容易ではない、と感じられます。私もそうですが、自分がいずれ死ぬことはわかっていても、そのときが来るまでのカウントダウンを今、この時点からしたいわけではないからです。このカウントダウンしたくないという気持ちは誰もが抱いているでしょうし、生きていくための原動力になっていると思います。ただ、この本を手に取られた方の多くは「終活のために役立つかもしれない」と考えていると思いますので、「終活」に関し何らかのきっかけをお持ちになっている（きっかけがあった）のだろうと思います。

私自身、40歳に差しかかったくらいから自分の体力の衰えを感じ始め、50代になると親の介護、知人の死亡の知らせを聞くことが多くなりました。そこでは、葬儀に対して疑問を抱いたり、死に対する何とも言いがたい不安や誰かを見送ったときの悲しみが思い起こされたり、それまで経験したことのなかったさまざまなことに向き合わねばならなくなります。これはなにも私だけではなく、40代以上の大半の方は同じような想いを抱いたことがあることでしょう。あるいは、近年、死や終活などをテーマにしたエッセイや小説、映画やドラマが以前よりも増え、ヒットしていることから、それらを見たり、読んだりすることで「終活」について考えることもあると思います。

以前、私の知り合いが言っていたことで大変印象深く記憶していることがあります。その人は毎朝、新聞を読むことを日課にしている人で、買い物が好きなこともあって、新聞広告や折り込みチラシをよく読んでいました。その人曰く、「週の後半になると葬儀会社やお墓の広告のチラシが多くなる」とのことでした。たしかに、木曜日・金曜日に発行される新聞の広告や折り込みチラシには葬儀や葬儀会社の広告や案内が多くなる傾向があります。あるいは、お盆やお彼岸の時期になると、そろそろ葬式やお墓のことを考えなくてはと思う人が増える傾向にあるため、新聞やメディアなどで葬儀やお墓、終活セミナーについての情報が掲載されることもあります。このように、改めて「終活」について考えるのではなく、日常生活の中でごく自然に「終活」に触れる機会も実は多いのです。

そして、おそらくこの本を手に取られた方の大半は「終活」に高い関心を寄せている方だと思います。しかし、本書を読み始めたら、もしかすると、がっかりされてしまうかもしれません。本書を一言で表すと、「葬儀業界についての本」です。「終活」に関しての本ではありません。でも、「終活」に興味がある方にこそ読んでいただきたいと思っています。これは何も「終活」に限ったことではないですが、何かを始めようというとき、何も知らないよりも、少しは知識や情報を得ておいたほうがよいということがあります。ですから、葬儀業界に関する何らかの知識があったほうが「終活」にきちんと向き合うことができるのではないかと思っています。

「死」そのものは、生きているかぎり誰にでも訪れる普遍的なものです。またそれに伴って行われる葬儀は宗教的、文化的な現象です。ただ、私自身、儀礼は「経済的かつ利他的（感情的）な現象」ともとらえており、経済社会学的な観点から研究を続けています。それゆえ、人々が葬儀の値段に対して高い／低いと判断すること自体、非常に興味深い現象だと考えています。これについては、以前出版した拙著で触れています。本書では、葬儀業界の概要や変遷、業界の現状についても言及していきます。そのなかでも注目しておきたいのが、新型コロナ禍での葬儀や業界の動きについてです。この他、社会変容をうまく反映しながら地域で新たな取り組みを展開している葬祭協同組合や、仏式の葬儀がメインとなっている昨今、あまり見聞きすることのないキリスト教の葬儀などについても紹介していきたいと思います。

ところで、こういう研究をしていると、「どうして死や葬儀に興味を抱いたのですか」と聞かれることがあります。そのきっかけとなった出来事について触れたいと思います。

私がまだ幼かった頃、「死ぬのではないか」と思ったことがありました。それは小学2年生の夏休みのことでした。ある病気で入院し1か月近く寝たきり状態で、点滴を毎日打たねばならない状態が続きました。死の危険性が高い病気ではなく、一定の入院期間を経て退院できると言われているような病気でしたが、不安でいっぱいの日々を病室で過ごさねばなりませんでした。

ある日、友人と友人の兄がお見舞いに来てくれました。久しぶりに明るい気持ちになったのと同時に、病床に伏している姿を見られるのが恥ずかしかった記憶があります。そんな私の様子に構うことなく友人の兄は、興味深そうに点滴バッグを見つめてこう言いました。「この点滴が空っぽになったら（体内に）空気が入って、死ぬんだよな」。友人の兄が、どこからそんな知識を仕入れてきたのかわかりませんが、たとえその知識が誤っていたとしても、子どもに「死」を意識させるには、十分ともいえるほど恐ろしく、不安な気持ちが込み上げてきたのでした。

点滴液が残りわずかになると枕元のブザーで看護師を呼び、点滴終了後、注射してもらうのがルーティンになっていたのですが、友人と友人の兄が見舞いに来た日は違っていました。いつもはすぐに部屋に来てくれるはずの看護師が、その晩に限ってなかなか来ません。付き添っていた私の父に看護師を呼びに行ってほしいと頼むも、「(看護師さんは)そのうち来るだろう」と言って取り合いませんでした。

点滴バッグが空っぽになる寸前、「体に空気が入って、もう死ぬんだな」と心の中でつぶやき、ギュッと目を閉じました。やっとのことで看護師が病室にやってきたかと思ったら、今度は注射針が思うように入らず、出血するという予想外のアクシデントが起きました。私はあまりにも恐ろしくなって、泣きじゃくりました。誰もが出血のせいで私が泣き出したと思ったことでしょう。でも、そうではありませんでした。思わず涙が溢れ出てきたのは、いざ死ぬかもしれないと感じたとき、今度は苦しみながら死んでいくのかと不安になったこと、また、それを「ひとり」で引き受けねばならないと知ったこと(と同時に死ななかったので、その不安からは一時的に解放されたこと)で、どうしてよいかわからなくなったからです。そのときの状況や恐怖感について、今でもありありと思い出すことができます。

この出来事は、死に対する感情的なことだけではなく、病院が死に近い場所、あるいは死が発生する場所であることを私に気づかせてくれました。私自身、重篤な病ではなかったこともあり、結果的に病院は「病を治す場所」であったわけですが、軽い重いにかぎらず、病に罹患《りかん》した人間は、健康な人々や社会から遠ざけられていると入院生活のなかで感じていました。結局、死は健康な人々からはみえにくいだけなのだ、と。ただ、死は誰にでも訪れますが、それを実感し、関心を持ち続けることは、日常生活を営みにくくします。したがって、人は健康であるとき、死に対してある程度、無関心になってしまうのは無理からぬことだと思っています。

こんな体験をした私自身、「明日、自分は死ぬだろう」と思いながら普段は生きていません（でも、具合が悪いときは考えてしまいます）。ですが、それでもこの体験について思いをめぐらせたり、死についてさまざまな想いとともに考えたりするときがあります。それは、皆さんにも経験のあることかもしれませんが、親しい誰かが亡くなったとき、そして大震災などの災害時や新型コロナなど未知の病が流行したとき、戦争が起きたとき、などです。

平時とは異なる状態になると、命を救うことや生活を守ることの社会的使命を共有しつつも、その裏側には必ず「死」があること、またその死が平時と同じではないからこそ、敬意を払う「尊厳ある死」として葬るという私たちのもう一つの社会的使命を思い出させてくれます。犠牲者とその家族の悲しみや辛さ、苦しさを忘れてはいけないと思います。その苦しさと同時に亡くなった方々の死を悼《いた》み、思い出すための儀礼は生き残った我々にしかできないことでもあります。そして、私自身、子どもの頃の体験を含めて思うのは、平時の状態で誰かが自分の最期を看取ってくれて、（もちろん簡素なもので十分ですが）儀礼を出してくれるというのは、案外「幸福なこと」ではないか、ということなのです。

その一方で、葬儀については、これまでさまざまな議論や批判がなされてきました。たとえば、「葬儀は不要」、「葬儀代が高額である」などです。では、なぜ、儀礼に対して極端な議論——「儀礼は必要、不要」——が起きてしまうのでしょうか。

このことを考えるうえで、死の儀礼に携わる葬儀業界について知るということを、避けて通ることはできません。一方で、この業界について何らかの意見をまとめたとしても、儀礼の必要、不要の議論に決着がつくわけではありません。それでも、本書を読むことによって死の儀礼における社会のあり方を考える一助になれば、と願っています。

第1章　新型コロナウイルス禍でみえた〝本音〟

志村けんの死からみえてきたこと

本題に入る前に、2020(令和2)年から現在にいたるまでの葬儀や葬儀業界に関する話をさせてください。2020年というと、読者の皆さんのほとんどは、「新型コロナウイルスのことでしょう」と察せられるかもしれません。新型コロナウイルス(以下、新型コロナと略します)にまつわるニュースやそれに伴う話は飽きたという方もおられると思いますが、少しお付き合いいただけると嬉しいです。この新型コロナの蔓延はこの時期の葬儀業界について語るとき、そして葬儀業界のこれからをみていくうえで不可欠なキーワードになっています。

2020年の春、日本国内では、新型コロナに関するニュースは海外に比べてまだそれほど多くなく、またそれほど深刻なものとして受け止められていなかったように思われます。そんなある日、ある情報が私たちに大きな衝撃を与えました。3月29日、コメディアンや俳優として活躍していた志村けんが新型コロナに感染して

70歳で亡くなったというニュースでした。私自身、幼い頃、彼が出ていたテレビ番組をよく観ていましたし、その芸風やパーソナリティーからして、「志村けん」と「死」がどうしても結びづらく、このニュースを耳にしたとき、かなり驚いたことを記憶しています。その志村けんの兄が、記者から心境を聞かれた際、死の間際に病院で対面することさえできなかったと話し、火葬後、ようやく（骨壺の中の死者と）「対面」したことが報道されていました。

この兄の発言で注目していただきたいのは、「病院で対面できなかった」という点です。近代以降、私たちの死亡場所は病院が多くを占めるようになり、病院で最期のお別れをするケースが圧倒的に多くなりました。病院での死亡者数が上回ったのは、１９７０年代に入ってからのことで（厳密にいえば、当時の統計データでは、自宅と高齢者施設での死亡は分けられていませんでした）、それまでは、家族に見守られながら、自宅で亡くなるというケースが大半でした。

新型コロナの感染拡大が始まった翌年の２０２１（令和３）年に実施された人口

動態調査／人口動態統計（厚生労働省）によれば、病院での死亡者数は94万9403人で、老人ホームや介護医療院を合わせるとその数は114万4105人にのぼりました。それに対して、自宅での死亡者数は24万7896人にとどまりました。つまり、自宅で亡くなった人の約4・6倍の人が病院や介護などの施設で亡くなっていることになります。

ではその年（2021年）に新型コロナで死亡した人はどのくらいいたのでしょうか。その数を調べてみますと、1万6766人であり、死亡場所は、病院が92・04％、自宅が3・11％で、介護医療院・介護老人保健施設、老人ホームでの死亡割合は、4・28％となりました。この数字でもわかるように、新型コロナによって亡くなった方のほとんどが「病院」で生涯を終えたということになります。また、全死因の病院での死亡割合は65・94％でしたので、新型コロナで亡くなったのか、新型コロナ以外の要因で亡くなったのかにかかわらず、2021年に死亡した人はほぼ全員、「病院」で最期を迎えたということがわかります。こうした背景があったからこそ、志村けんの兄の「病院で対面できなかった」という言葉が本来の最期の別れとは違う「異様」のことのように映ったのです。

この他にもコロナ禍ならではの事象も葬儀の現場で見られました。志村けんの場合は、遺族が病院でその最期を看取ることができず、故人が遺骨になってから遺族とやっと「対面」したわけですが、感染症対策をきちんと講じれば新型コロナ禍でも葬儀を行うことができましたし、喪主として故人を送り出す役目を果たした方もいます。とある方が次のような話をしてくれました（※内容に差し障りのない範囲で一部加工しています）。

「故人は生前、とても人付き合いの良い人でした。故人の配偶者が亡くなった際は、大勢の人が来てくれていましたし、そのときの会葬者には、故人のことをよく知っている人もいました。故人の死を知らせた際、どうしても葬儀に参列したいと言った人もいました。しかし、私（＝喪主）は自分のきょうだい夫婦と、それぞれの子どもたち夫婦（喪主にとっては甥姪）とその子どもまでしか葬儀には呼びませんでした。こういうご時世だから、会葬は遠慮してほしいと言いました。遠くから来る親族が高齢であるため、たくさんの人が集まることへの感染の懸念はもちろんありました。ただ、それだけでなく正直、たくさんの人に来てもらうと喪主として大変だと感じていました。むしろ、新型コロナによって、身内だけの葬儀を行えたことにホッとしています」

この方の話の中で出てくる故人は、新型コロナとは全く関係のない病気で亡くなりました。この喪主を務めた方のコメントをあえて本書で取り上げたのは、「身内だけの葬儀を行えたことにホッとしています」という箇所に注目していただきたかったからです。もし、新型コロナが蔓延していないという状況下でこの故人の葬儀を執り行うとしたならば、従来どおりの葬儀のかたちになっていたことでしょう。しかし、新型コロナの流行によって、大勢の人が集まる葬儀をせずに済むようになり、負担がかなり軽減され、その分、故人との最期の時間を過ごすことができたと感じられたのです。負担や義務感から解放されたという安堵感が「ホッとしています」という言葉から伝わってきます。

葬儀というのは家族にとって精神的、肉体的、経済的負担が相当かかります。家族らは、亡くなる間際に病院などに駆け付け、最期の対面をし、その後、葬儀社を手配し、さまざまな手続きに追われ、かつ喪主としてどのような挨拶をするかを考え、常に気が抜けません。しかも、「初めてのことだらけで何が何だかわからない」という人が多いはずです。さらに、忙しい合間を縫って駆け付けてくれた会葬者への配慮もかなり気を使うものです。また、葬儀代や僧侶へのお布施などの予定外の急な出費も負担となります。それがたとえ後日、「よい葬儀だった」と振り返るようなものであっても、終わった直後には疲弊し切ってしまい、心穏やかに故人を偲ぶ気持ちになるのは難しいものです。つまり、葬儀は多くの人にとってみれば悲しみを癒すための時間というよりも「負担」の大きいものだったのです。そんなところに突如、未知のウイルスがやって来て、「葬儀は家族、親族だけで済ませました」

と「堂々と」言える状況になったのです。

2021年、日本消費者協会は「第12回 葬儀についてのアンケート調査」を行いました。この調査には、回答者が自由に意見などを書き込める項目もあり、そこには次のような回答を寄せた人がいました。

「最近、コロナ禍のため家族葬が増えています。近所や親類などの付き合い方も、今後変わっていくと思います。簡素化されていくことで、孤独になっていく不安も増えそうです。」

この回答者のように、葬儀の簡素化と孤独に対する不安を訴える人はほかにもいました。その一方で、先ほどの喪主と同じように「新型コロナという事態が起きてやっと、葬儀の考え方が変わると思う。実母が亡くなるときは家族葬で簡素に行いたいと思う」や「昔ながらの人が大勢集まる葬儀は不要だと思う。コロナを経て

「しきたり」が変わっていってほしいと思う」など葬儀の変化をポジティブに受け止める回答もありました。また、「家族葬でもかなり費用がかかることを認識した」という意見や「お葬式にお金をかけるのはもったいないと思います」というように、従来は口に出しづらかった金銭面での負担軽減を歓迎する声も寄せられました。

新型コロナの流行により、以前にもまして「死」が身近なものとなり、自分自身や家族の「死」について考える必要が高まったと思います。そして人が集まることを前提にして行われてきた葬儀が、中止もしくは規模を縮小して行わなければならないという状態になり、多くの人が「葬儀とは」ということも真正面から考えるようになったと感じられます。未知のウィルスの感染・拡大で尊い命が数多く失われたことは残念でなりませんが、この苦境を経ることで葬儀に対する〝本音〟がリアルにみえてきました。その本音の意味を改めて考え、将来に活かす、そのことが私たちに求められているのではないでしょうか。

都市と地方で異なる「家族葬」

先ほど少しその名が出てきた「家族葬」ですが、「簡素な葬儀」という意味ではありません。また家族葬は「何人まで」という人数や金額が明確に決まっているものでもありません。よく用いられるのは、「家族・親族を中心とした小規模な葬儀」という曖昧な表現です。それも「一般葬と比べて、小規模な」という程度です。遺族・親族中心として友人などの会葬者含め20〜30人も家族葬であれば、50人ほどの規模の家族葬もあります。新型コロナ禍でより注目されることが多くなった「家族葬」ですが、この家族葬を実際に選択した人はどのくらいいるのでしょうか。

2021年の日本消費者協会によるアンケート調査では、2020年以降、東京で行われた葬儀のうち、「家族葬」は51・7%、「一日葬」(通夜を行わない葬儀)が10・3%、「直葬」(通夜や葬儀を行わず火葬のみ)が12・1%でした。また、家族葬は東京だけではなく、すでに全国的に定着し、「一般葬」をしのぐほどになっています。全国平均では64・8％にのぼり、地方でもその認知度、そして家族葬への理解がだいぶ高まったということがわかります。

ただ地方では、昔からの慣例や文化が根づいているところも多く、家族葬や直葬へとすぐに移行できるところばかりではありません。それでもコロナ禍ではさまざまな苦肉の策がとられてきました。その一つとして「二部制葬儀」があります。これは、葬儀式場内で弔問客・会葬者らがいっせいに参列し、密になることを避けるため時間差をもうけて会葬する「時差会葬・分離会葬」のことです。「事前焼香」という形で一般会葬者用に焼香台を屋外などに設置し、近親者や親族のみの葬儀が行われる1～2時間前に一般会葬者が会葬するタイプの葬儀もこれに含まれています。また、記帳から焼香、返礼品の受け取りまでも車上から実施できる「車上焼香システム」（ドライブスルー焼香）も登場しました。これらは主に葬儀での義理が働きやすい、あるいは車を利用することの多い地方で実施されています。

この二部制葬儀は、今回の新型コロナ禍で新しく出てきたように思われますが、実は、以前から似た形式の葬儀がありました。それは、著名人の葬儀でみられる、いわゆる「密葬」と「本葬」という形式です。密葬では、家族・親族を中心にして葬儀、火葬までを済ませておき、日を改めて家族・親族以外の会葬者に集まってもらうというものです。著名人だと多くの人が会葬するため、葬儀場などが人で溢れかえってしまうことも度々あります。人の密集と混乱を避けるために二段階の葬式が執り行われることが多く、そうした利点がコロナ禍で注目され、人が多く集まりやすい傾向にある地方の葬儀で「転用」されたというわけです。

エンバーミングとオンライン配信

新型コロナ禍でも遺族が安心して最期の別れをしたい、という声を反映して「エンバーミング」も増加しました。エンバーミングとは、遺体衛生保全のことで、血液を抜き防腐剤を血管に注入する技術のことです。遺体の腐敗を防止するので、それにともなう細菌による感染症も防ぐことができます。この技術が日本での葬儀に導入されたのは、1988（昭和63）年のことですが、世界的にみればもっと先の時代からエンバーミングは行われていました。1861年から65年にかけて続いたアメリカの南北戦争では、戦死者を故郷に帰すためにエンバーミングを施すようになりました。防腐や感染予防だけでなく、アメリカが土葬であったことも影響しているでしょう。このエンバーミングには、傷ついた遺体を修復する技術も含まれます。戦争だけでなく事故や災害などで亡くなった人が生きて眠っているかのように見えることなども、こうした技術の拡大を後押ししてきました。新型コロナにかぎらず、戦争、災害といった非常時のほうが葬儀に関する変化は起きやすい、または加速しやすいといえます。

話を戻しますと、2019（令和元）年までは5万1034件だったエンバーミングは、2020（令和2）年には5万3041件、2021（令和3）年には5万9440件という具合に増加しています。2022（令和4）年には7万597件に達しました（日本遺体衛生保全協会の調査）。新型コロナで細菌などへの感染に対する危機意識が高まったことを受けて、対面接触が可能な処置ということで、そのニーズが高まりました。

今や会議や授業のオンライン配信は日常的に行われています。そうした流れもあり、葬儀業界もデジタル配信に踏み切るところが増えるようになりました。「YouTube」や「Zoom」を用いた「オンライン会葬・葬儀」(リモート葬儀)でリアルタイム配信をしたり、アーカイブ配信(葬儀執行の同時配信ではなく、葬儀の様子を保存した動画を一定期間限定で見られるようにする)もできるようにしたりするケースも出てきました。ただ、高齢者がオンライン配信に対応できるのかと懸念する声が葬儀社からあがっていることから、オンラインでの葬儀を行っている葬儀社は1割あるかないかにとどまっているようです。しかし、今後また何らかの大きな厄災に見舞われることが予想されますし、オンラインでの葬儀は当たり前の光景になってくるのかもしれません。それでも、人は集まりたがる傾向があるため、従来の葬儀形式はなくならないでしょう。

新型コロナ禍は私たちの生活のスタイルだけではなく、価値観も変えました。それに伴い、各業界でもその変化に見合うようなサービスや商品を私たちに提供するようになりました。葬儀業界でも新型コロナに対応しつつ故人を見送るための儀礼を提供してきたわけです。が、ウィルス感染の落ち着きとともに徐々に以前の葬儀に戻りつつあるところもあります。もともと地域の人々の付き合いが活発で葬儀に参列するのが慣習となっている地方ではよりその傾向が強くみられました。ただ東京のような都市部では、多くの人が参列する葬儀やお金をかけた葬儀が一気に復活するということは、今のところないとみています。

親族や会葬者らの負担が減った一方で、葬儀社などは苦労を強いられる場面が多々ありました。ウイルス感染して亡くなった方の葬儀をする際、遺体から感染するおそれがあるのではないかという情報が流れていた時期には、遺体を納体袋《のうたいぶくろ》におさめる必要があり、その作業にかかるスタッフの数を確保する必要が出ました。

そのほか、「密」にならないように会葬者の人数を制限したり、消毒液を各所に置いたり、コストと人手をかける必要が出ました。さらに、通夜振る舞いの中止もしくは縮小によって関連業者の売り上げが落ちるなどの影響も出ました。

新型コロナ禍を通じ、葬儀に対する考え方が変わり、さらに遺族や会葬者にとって利便性をもたらすサービスがさまざまなかたちで提供されました。ただ、より新しく、画期的なサービスが登場したとしても、喪主や遺族には、心身ともに相当の負担がかかることは変わりありません。死はいつか必ず訪れることがわかっていても、亡くなった人とのかかわりが絶たれる状況は、家族にとって死の前の日常と全く異なる経験であり、お金やサービスの内容でとってかわることがそう容易ではないからです。喪主や遺族の負担をゼロにするのは難しくとも、軽減することはできます。今や状況に応じて適切なサービスを選択するという時代になったといっても過言ではありません。

第2章　死から火葬まで——一般葬の流儀

喪主や家族の視点での「4段階の対応」

　本書の冒頭でも触れましたが、お盆やお彼岸の時期になると、普段あまり目にしない葬儀や法要、お墓のことが書かれた新聞記事をみかけたり、広告が多く入ってきたりすることに気付かれた方もいるでしょう。その時期にふと目にした広告や記事で、準備しておこう、と考える人もいるかもしれません。

　ただ、どのように人生を終えていくのか、こればかりは誰にもわかりません。病院で長く入院した末の死亡なのか、あるいは自宅での死亡なのか、また悪性腫瘍、肺炎など、どんな死因で亡くなるかなど、誰にも予測はできません。そして、家族はたとえ死期が近いとわかっていても、いざその死に直面すると、気が動転してしまうものです。まして、自宅で突然、倒れて亡くなった場合、どうしたらよいかわからない人もいるのではないでしょうか。そこで、死の発生から火葬までの流れを仏式の一般葬を例として、確認していきましょう。流れやその内容を事前に把握しておくことで、葬儀社選びもしやすくなりますし、万が一、喪主になったとしても落ち着いて行動することができるようになります。

葬儀社などで配布されているパンフレットやウェブサイトには、一般的な葬儀の流れがコンパクトにまとめられています。しかし、それらはあくまでも葬儀社の視点に立ってまとめられており、また葬儀の内容や流れをこまかく知りたいと思う人のために掲載しているわけではないので、理解しづらい部分があるかもしれません。実際に、私の周囲でも「現実感がわかない」という声を度々耳にすることがあります。そこで本項では、葬儀社ではなく、喪主や遺族の立場からみた葬儀の流れについて触れていこうと思います。

葬儀の流れはおおまかに、「死亡の状況とその後」、「納棺と儀礼準備」、「通夜、葬儀・告別式」、「火葬とその後」の四つの段階に分けることができます。ただ、地域や宗教などによって内容や順序が一部異なる場合もあり、たとえば、先に火葬した後、葬儀を行う（骨葬）という地域もあります。

①死亡の状況とその後

人によって死亡場所はさまざまですが、自宅で亡くなる場合と、病院で亡くなる場合では、その対応が異なってきます。まず、自宅で亡くなった場合ですが、これには、かかりつけ医のいる持病があって病死した場合とそうではない場合では、違う対応になります。かかりつけ医がいる病死の場合、まずはそこに連絡します。かかりつけ医が死亡届と死亡診断書を発行してくれます。かかりつけの医者もなく、自宅で突然亡くなった場合（死因不明、自死、中毒死、指定感染症による死、溺死、事故死、災害死など）は、自然死と考えられる状況であっても、その場で死亡診断書の発行ができません。事件性がないかどうかを調べなければならず、まずは警察に連絡することになります。監察医、もしくは警察の嘱託医などが自宅に来て検視を行い、死亡に事件性がないと判断されると、死亡届と死体検案書が発行されます。その後、家族などが自宅に遺体を安置するか、もしくは葬儀社に連絡をして葬儀社が保有する会館などで安置してもらうかを決めることになります。自宅以外で遺体を安置することが決まったら、そこまで搬送することになります。

病院や介護施設で亡くなった場合、その病院の医師、もしくは介護施設が提携している病院の医師などが死亡診断書を発行します。そして、遺体を安置する場所を決め、遺体安置室から搬送します。ちなみに、病院で亡くなった場合、そこに出入りしている葬儀業者がいることがあります。その葬儀業者に遺体の搬送を依頼した場合、その業者に葬儀を依頼しなければならない、と考えがちですが、そんなことはありません。生前から決めている葬儀社や会員になっている互助会などがあれば、そこに連絡して、葬儀を依頼しても問題ありません。依頼先が決まっていない場合は、できれば複数の葬儀社を調べて見積もりをとったほうがよいでしょう。ただ、このときは、気が動転していますので、やはり生前から相談しておくほうがよいでしょう。

②納棺と儀礼準備

ここからは病院で亡くなったケースも自宅で亡くなったケースも同じ流れになります。次に行わねばならないのが、死亡届の役所への提出、葬儀業者との相談、遺体を安置している場所での儀礼、納棺の対応です。

まず、医師（自宅で亡くなった場合は監察医など）からもらった死亡診断書（自宅で亡くなった場合は死体検案書）と死亡届を市区町村役場の窓口に提出しなくてはなりません。併せて、「死体埋火葬許可申請書（「火葬許可申請書」など市区町村によって名称が異なることがあります）」も提出し、火葬許可証を交付してもらいます。

死亡届を先ほどの①「死亡の状況とその後」の段階で提出する場合もありますが、死亡の事実を知ってから7日以内に提出すればよいとされていますので、少し落ち着いてからでもよいでしょう。また、遺族が市町村役場の窓口に行けない場合は、葬儀業者がかわりに行くこともできます。

死亡届を提出するのと同時に、葬儀業者が火葬の予約を行います。通常、死後、24時間以内の火葬はできません。「墓地、埋葬等に関する法律」の第3条で「埋葬又は火葬は、他の法令に別段の定があるものを除く外、死亡又は死産後24時間を経過した後でなければ、これを行ってはならない」とされているためです。また、多くの火葬場は友引の日が休みです。それらをふまえて、火葬炉が空いている日にちと時間帯を確認し、予約します。火葬日に合わせて通夜・葬儀の日取りを決めることが一般的です。また、この段階で宗教者を呼ぶ葬儀形式にするのかどうかも考えます。たとえば、仏式の場合、僧侶に来てもらわなければならないので、前もって先方の都合を聞く必要があるからです。

葬儀社とはどのくらいの規模（人数）の葬儀にするのか、通夜・葬儀の式場はどこにするか、どのような形式（仏式、無宗教など）の葬儀にするのか、祭壇の種類、飲食の選択、棺の種類、霊柩車の種類、会葬御礼の葉書の注文、香典返しの注文など、この段階で葬儀の内容を検討します。また、遺影写真も準備する必要がありますので、写真の中から選択しておきます。

葬儀を行うにあたり、まず決めておかねばならないのは誰を、喪主にするかということです。喪主は儀礼上の主催者のことで、葬儀費用を出す人のことは「施主」と呼びます。遺族のなかで、喪主と施主が誰なのかを決めておく必要があります。生前、故人や遺族らと付き合いのあった人が広範囲に会葬する一般葬の場合、香典などを受け取り、会葬者などをチェックする人も決めておかなければなりません。ただ、香典を辞退したい場合は、あらかじめ通夜、葬儀・告別式の連絡を関係者にする際に伝えておかなくてはいけません。

遺体の安置場所が決まり搬送した後、仏教の場合だと遺体を北向きに寝かせます。宗派によって異なりますが、守り刀を遺体の上に置くこともあります。この守り刀は故人の護身用、魔除けのための刀です。さらに遺体の枕元に小机を置き、その上に線香と香炉、花と花立、蠟燭と燭台をたてて、枕飾りをします。これを「三具《みつぐ》足《そく》」といいます。ここで僧侶に連絡して来てもらい、枕経をあげてもらうこともあります。三具足などは遺族ではなく葬儀社などが用意してくれることがあります。

まだ自宅で葬儀を行う場合で近くに三具足がないときは、業者などに手配の依頼をすることもできます。

そして次は納棺です。納棺では、遺体を棺に納める前にお湯を使って身体や髪を拭き清める湯灌《ゆかん》やエンバーミングを行う場合があります。ただし、これらはオプションとなっていることが大半ですので、必ずしもやらねばならないというわけではありません。湯灌は湯灌業者などに依頼することもありますし、エンバーミングも葬儀社で行えないときは、その施設があるところに依頼します。

納棺には、遺族らが立ち合う場合が大半です。納棺前に死装束を着せます。遺体が硬直している場合は、遺体の上から死装束を被せるだけ、ということもあります。また、死装束や生前によく着ていた服などを着せる、もしくはかけるだけということもあります。生前、故人が着ていた服や趣味にまつわる物、手紙などを棺の中に入れたいという人もいますので、事前に棺の中に入れられるものを葬儀社などから聞いておいたほうがよいでしょう。なお納棺前にエンバーミングなどを施していない状態であれば、顔などをアルコール消毒したり、整えたりする（顔色を良くする化粧など）ことがありますが、こちらも葬儀業者か、もしくは納棺師に依頼した場合はその業者が行います。

③通夜、葬儀・告別式

納棺を終えると通夜、葬儀・告別式が行われます。これらは自宅で行う場合と葬会館で行う場合とで大きな違いが生じます。自宅で行う場合には自宅の周りに幕を張り、祭壇を設置するために葬儀業者が訪れます。また、近隣の人が参列することが考えられますので、受付などの設置も必要になります。自宅に常に人が出入りしますので気疲れすることが多いという遺族もいます。生活スペースや落ち着くスペースを確保するようにしたほうがよいでしょう。近年は家族葬などで比較的小規模な葬儀、もしくは通夜を行わず葬儀だけという一日葬の場合が多い傾向にありますが、ここでは、従来みられるような仏式の一般葬を葬儀会館で行うケースを想定して述べたいと思います。

通夜の開始時間になると、受付を担当する人や遺族が葬儀会館に集まります。受付を担当する人は香典と記帳のチェックを担当します。特に仏式の場合ですと、喪主は開式前、僧侶に挨拶をし、戒名料を含めたお布施を渡しますが、必ず通夜の前に渡さねばならないというわけでもありません。無宗教形式ですと、お布施はありませんが、家族葬の場合でも僧侶を呼べば、お布施を渡すことになります。

通夜開始前に遺族らは親族席に座り、開式を待ちます。開式とともに導師が入場し、読経が始まります。その後、喪主から順に焼香します。導師による法話の後、喪主の挨拶があります。通夜が終了すると、会葬者や手伝いの人などに1〜2時間の飲食をしてもらう通夜振る舞いがあります。ただ、近年はこの通夜振る舞いは行われないこともあります。

葬儀・告別式と出棺では、前日に行われた通夜と同じく会場内で着席し、開式を待ちます。なお、この日に弔辞を述べる人がいる場合は、開式前に挨拶をしておくことがあります。開式とともに導師が入場し、読経が始まります。その後、喪主より順に焼香します。焼香後、弔辞がある場合は、その役を務める人が述べます。弔辞の後、弔電が紹介されます。その後、「お別れの儀」で棺の中の故人と最後の別れをします。その後、喪主からの挨拶があり、出棺します。喪主は位牌を持ち、遺影写真はその他の遺族、親族らが持ち、葬儀会場を後にします。

④火葬とその後

葬儀会館や自宅から出棺後、火葬場に移動します。火葬場に到着したら火葬許可証を火葬場の事務所に提出します。仏式の場合、火葬場の火葬炉前で僧侶が読経し、焼香します。火葬が終了するまで火葬場で待機しますが、このとき、飲食をすることもあります。火葬後、拾骨し、遺骨を入れた骨壺と位牌を喪主、遺族らが持ち帰ります。また、火葬場の証印、火葬日時が記載された火葬許可証が返却されますので、それを受け取ります。この火葬許可証が埋葬許可証にもなりますので、墓地に納骨するまで遺族らは大切に保管しておく必要があります。後日、納骨・散骨する墓地の管理者にこれを提出します。

火葬後は初七日法要がありますが、関東圏では、火葬する日に一緒に行われる場合も多いです。その後、遺骨は自宅に戻りますが、自宅に後飾り祭壇を設置し、遺骨を安置します。

ここまで亡くなってから遺骨を安置するまで大体1週間前後かかります。短いようで長く感じるという人も多く、ストレスもかかります。ですから、葬儀の内容や費用について検討したい場合は、やはり事前に相談し、複数社から見積もりをとっておく必要があります。

なお、国民健康保険の加入者や健康保険の被保険者、後期高齢者が死亡した場合、市区町村によって金額は異なりますが、葬祭費1万～7万円までが支給されます。

たとえば、東京都大田区の場合は7万円ですが、八王子市は5万円ですので、住んでいる自治体などではどうなっているのかを確認したほうがよいでしょう。

葬祭費の申請に際しては、印鑑、死亡者の被保険者証、申請書提出者の身元を確認できるもの（運転免許証、パスポートなど）、喪主であることが確認できるもの（葬祭費用の領収書、会葬の礼状など）、振込先の口座が確認できるもの（通帳など）が必要です。なお、葬祭費は「死亡」ではなく「葬祭」に対する給付金のため、自治体によっては火葬のみの直葬の場合は、支給対象外になることがあります。申請期間は葬儀日から2年間です。

社会保険加入者が死亡した場合でも、埋葬料5万円が支給されますが、こちらは全国健康保険協会（協会けんぽ）に請求します。葬祭費、埋葬料のいずれにしても申請しないと支給されません。

葬儀社などからの情報を受け取るだけでなく、自分が喪主や遺族という立場になって具体的にシミュレーションし、それぞれの場面や儀式でどんな対応や手続きが必要かを知っておくと、焦らずに済むでしょう。そうした準備をしておくことで、故人との別れのために訪れ、また遺族のために集まった人々が思い出を語り合い、悲嘆感情を共有し、社会的なつながりを確認できるような場にすることが葬儀の持つ重要な意味なのではないでしょうか。

第3章　人と社会の変化を映す葬儀業界

「葬祭業」と「葬儀業」　何が違う？

葬儀に関するサービスを提供する事業者は「葬祭業」もしくは「葬儀業」と呼ばれています。しかし、「葬祭業」という言葉は、統計上の職業分類にはありません。特定サービス産業動態統計の産業分類では「葬儀業」として扱われています。また、経済産業構造調査では、「冠婚葬祭業」の分類に入っています。「葬祭業」という言葉自体は、葬儀社が集まる全国団体など葬儀業界自らが「葬祭業」と名乗っていた歴史に由来しています。業界資格の一つである「葬祭ディレクター資格」の名にも冠されているように業界内では「葬祭業」としたほうが馴染みがあると思います。ただ、ここでは、統計調査との整合性をはかるため、産業分類にある「葬儀業」で呼称を統一しておきたいと思います。

葬儀業はおおまかに分けると四つあります。葬儀専業事業者、冠婚葬祭互助会、農業協同組合、そして生活協同組合などの葬儀事業です。葬儀専業事業者と冠婚葬祭互助会の大きな違いは、その契約方式にあります。冠婚葬祭互助会は割賦販売法と呼ばれる法律に基づいて事業を行っています。この割賦販売とは、商品やサービスの購入代金を2か月以上の期間、かつ3回以上に分割して支払うことを約束した企業との売買取引（契約）のことです。一方の葬儀専業事業者は、割賦販売を行っていません。ですので、この法律の適用を受けることがありません。

業界の規模がある程度におよび、ビジネスモデルもすでに確立されると、複数の企業が創立され、それらの企業同士が連携する場として団体や組合などが作られます。葬儀専門の事業者は、全日本葬祭業協同組合連合会（以下、全葬連）という専業事業者団体に所属していることがあります。冠婚葬祭互助会系列の事業者の場合、全日本冠婚葬祭互助会（以下、全互協）に所属していることがありますが、両団体に所属するというケースもあります。おおむね葬儀に関する全国的な事業者団体が、この二つになります。葬儀を扱う農協や生協もそれぞれ全国団体があります。読者のみなさんにはあまり馴染みのない全葬連、全互協ですが、これらの団体がどのような活動をしているかを簡単にみておきましょう。

全葬連は、葬儀に関する調査や葬祭ディレクター資格、事前相談員資格などを扱い、技能研修、広報活動、行政対応や災害時協定の締結、ｉｆ共済会という葬儀基本料金の10％を弔慰金として返金する会員登録制サービス、消費者相談などを手がけています。そして全互協は、互助会事業に関する調査、互助会に従事する者への教育指導、互助会事業者の登録、行政対応、広報活動、災害時における自治体との連携、消費者相談などを行っています。全互協の場合、婚礼事業に関することも含まれます。したがって、葬儀業界とここでいう場合、広義にはこの両団体と所属事業者などを指しますが、狭義には、婚礼事業を扱わない専業の葬儀業や事業者を指すことにしたいと思います。なお、本書の大部分は、狭義の葬儀業界を扱うことになります。

起源は江戸時代の葬具屋

葬儀業界は、「葬送を商品化しているのではないか」と長らく批判を浴びてきました。人の死にまつわる事業を手掛けていますので、広告宣伝をすれば「縁起が悪い」といわれてしまいがちで、事業をアピールすることが難しい面がありました。また葬儀は地域ごとで異なる慣習があるため、そのことに最も精通する地域の人たちによって葬儀が執り行われることが大半を占めていました。葬儀業は、葬具などの販売から労力提供などサービスを拡大していったと考えられています。ただ、近代以降の「葬儀の互助から商品化へ」という単線的な変化については、疑問視する研究者もいます。ただ、そこで議論が終わっては本書の主旨からそれてしまうので、ここではその歴史を追ってみたいと思います。

明治から現代までの葬送の変遷についてまとめた井上章一氏による『霊柩車の誕生　増補新版』(朝日文庫）によると「葬儀屋らしい商売」はすでに江戸時代にあったとされています。また、『近世三昧聖と葬送文化』(塙書房）の著者である木下光生氏によれば、「河内国三ツ島村樋口家の明和二年（一七六五）葬送で、「輿一件」

を総額一二五匁で用意した浜村のこし屋四郎兵衛のように、平人が葬具業を営むことは遅くとも一八世紀後半以降、さして珍しい高家ではなくなっていた」とされています。乗物屋や輿屋（こし屋）という名称は、当時の葬具業界で広く使われていた屋号であると木下氏は指摘していますので、少なくとも葬具を生業にしていた人たちは、1700年代には存在していたのです。これらのことから江戸時代の関西では、すでに葬儀の商品化が起きており、住民による葬儀での相互扶助が明治以降に葬儀業者によって商品化されたと単純に言い切れないということがわかります。また、たとえ江戸時代において葬儀業者が存在しない地域があり、明治以降に葬儀の商品化の流れが生じたとしても、商品化の内容や変化のスピードには地域的な違いがかなりあったと認識したほうがよいでしょう。

明治時代は神仏習合令が出ました。そして廃仏毀釈の影響を受けて1873（明治6）年には火葬禁止令が出ました。すると「亡くなった人に申し訳ないのではないか」と懸念する声もあがり、最終的に仏教関係者からの反対や公衆衛生の問題から明治政府はこの禁止令を廃止することとなりました。

1898（明治31）年12月に著された平出鏗二郎氏の『東京風俗志』（現在はちくま学芸文庫から刊行）の序によれば、「風俗は社会人心の表章（原文ママ）なり。社会の発達、政教の進歩、人間の趣向、或いは工芸殖産の盛衰等、一にこれに顕彰す（中略）今や我国、戦勝の後を承け、国威四方に顕揚し、社会の変遷日に急に、人情風俗の推移月に忙し、而かも後に内地雑居の秋を迎えて寔に世態革新の一大時機たらんとす。嗚呼誰か一代の才筆を振って此間の消息を永く後世に伝えんとするか」とあります。明治期の変わりゆく社会のなかで昔から大事にされてきた風俗が消えゆくことへの懸念を示し、その様子を記すことへの重要性が書かれています。

さらに平出氏は葬祭について、「明治の初めに至るまでは、中流以上と雖も、駕籠を用いしに、次第に奢侈に流れ、今にては下流にも輿を用うるものあるに至れり、殊に昔の棺屋は発達して葬儀社となり、葬儀に入用なる一切の器具を始め、人夫等に至るまでをも受負い、輿、喪服、造花、放鳥籠等の賃貸をもなせば、葬儀を盛にし易く」と書き記しています。また、山田慎也氏は、『現代日本の死と葬儀――葬祭業の展開と死生観の変容』（東京大学出版会）の中で明治期から昭和初期にかけて東京北区豊島地区の旧家の葬儀記録から葬儀の様子を記述しています。それによると、葬儀のときの互助組織は「クミアイ」と呼ばれており、１９２３（大正12）年の関東大震災のころまでは機能していましたが、クミアイが葬具を作ることはなく、すでに明治初期には棺を購入していたとのことです。

大正時代にはすでに葬儀の合理化が進んでいた

大正時代には葬儀の合理化が進みました。東京の葬儀について研究した村上興匡氏によれば、明治までは葬儀の共同的な祝祭性が強く、「人生最後だから華々しく」とされ、膨大な消費によってコムニタス的状態が創り出されていましたが、大正になると、祝祭性が否定され、弔問などの祭儀性が強調されていたとのことです。こうした祝祭性の否定は、宗教的な共同性を中心とした葬儀ということの否定でもあり、個人的な儀礼への変化とみなされています。

1923年9月1日には関東大震災が起き、一度に多くの犠牲者を出したということと、葬儀関連の施設も被害を受けたことで遺体の処理が大変だったようです。この大震災を契機として事業を起こし、なかには今でも続いている業者もあります。1941（昭和16）年からの第二次世界大戦下では、物資が不足していたため、経営が苦しい面もありました。戦後になると葬祭業の全国団体が設立されました。

戦後の新生活運動の影響

葬儀は社会生活などの変化を受けにくいと考えられてきました。実際、結婚式に比べて民俗的・宗教的な信仰や慣習などによって変わりにくかったといえます。とはいえ、やはり戦後、徐々に葬儀にも変化の波がやってきました。終戦の翌年の1946（昭和21）年の後半にはインフレに見舞われ、生活苦とともに新たな時代が始まりました。そんななか、片山潜内閣時代の新日本建設国民運動要領に端を発した「新生活運動」が起こりました。この運動は、無駄や贅沢を抑えて生活環境の改善を目指すというものです。１９５５（昭和30）年8月22日に鳩山一郎内閣の閣議決定によって、新生活運動が政府・行政主導ですすめられていきました。無駄や贅沢なものとして捉えられていたもののなかには、冠婚葬祭も含まれていました。

冠婚葬祭は、人々の「祝福」や「不幸」に対する慣習や宗教的信仰に基づいて行われていましたが、国全体の物質的な豊かさを目指すこと、そして戦後の合理的な生活の妨げになるものとして簡素化が掲げられてしまったのです。葬儀に関するものでいえば、花輪の小型化、供花供物の自粛、飲食の簡素化、香典返しの簡略化などが行われました。

新生活運動は、時代と儀礼を結び付ける重要な社会的意味が含まれていました。それは、儀礼を人々の消費行動の一環としてみなすという意味です。儀礼は、宗教的で、かつ地域ごとに行われていた慣習的な行事ですが、同時にそうした文化的価値よりも経済的事情を優先することを間接的に新生活運動が示したわけです。

この新生活運動の波に乗る形で、１９４８（昭和23）年には神奈川県横須賀市で冠婚葬祭互助会が立ち上げられました。「当会を設立したのは市民が協力して生活の改善を行うことが目的で生まれました」との設立趣旨が掲げられ、普通会員掛金月々15円、特別会員20円、期間が10年という内容で儀式が執り行えるようになったのです。横須賀市で誕生した互助会は現在も「ヨコスカ互助会」として結婚式や葬式に関するサービスを提供しています。

冠婚葬祭互助会の発足は、すべての人々が平等に葬儀を行えるように、という扶助的な発想と同じシステムのもとで儀礼を行うという合理性も備わっていました。葬儀における〈相互扶助〉を〈契約〉によって購入するという認識が大衆に広まり始めたのです。１９５６年に入ると東京、大阪、名古屋の地域で八つの冠婚葬祭互助会が発足しました。しかし、１９５５年頃から高度経済成長期がはじまり、平等な葬儀から逆行するように、葬儀においても贅沢さが競われるようになっていきました。たとえば、それは葬儀の祭壇に現れています。白木祭壇が用いられるようになるなど、祭壇の大きさ、豪華さが葬儀の規模を推し量るようになるほど、祭壇は

「昭和の時代に用いられていた祭壇」五〇年史編集委員会『東葬協五〇年のあゆみ』東京都葬祭業協同組合、2003年より

葬儀の中心的存在となりました。

「消費者問題」と「葬式無用論」

この時期、葬儀業界において「消費者」というカテゴリーが初めて登場します。ただ、葬儀業界にかぎらず1960年代は、「消費者問題」が急速に関心を集めた時期でもありました。この「消費者」の登場と前後して、冠婚葬祭互助会の数が増加しています。札幌、仙台、東京、名古屋、大阪、広島、四国、福岡、沖縄での互助会数を調べたところ、1960（昭和35）年には27の互助会だったのが、1965（昭和40）年になると61に増え、1967（昭和42）年には127と、わずか7年の間に約5倍にも増えています。こうした流れとともに「葬儀の商業主義化」と葬祭儀者を非難する論調が高まりました。

1968（昭和43）年、11月14日に、京大名誉教授の稲田務氏、医師で『葬式無用論』の著者でもある太田典礼氏、一橋大教授の植松正氏ら32人が「葬式を改革する会」を結成しました。この会では「私たちが死んだ場合は、ただ死亡通知を出すだけに決めた。それを受け取られた人は、心の中で追悼してくだされば満足である。世間なみの葬式はしない」「残されたものは生活に少しでもお金がほしいときに、形式的な儀式のため、無駄な費用を使うのは本末転倒」という趣旨で結成され、テレビなどのお茶の間で葬式に関する独自の主張を展開しました。葬式が不要という考えは、ここ最近の間で叫ばれているわけではなく、すでに約50年前から不要論が展開されていたわけです。ではここでいう「世間なみの葬式」とは、どういうものだったのでしょうか。太田氏らは「無宗教無神論なので葬式はしなくてよいと思っている」「本人の意思を無視して葬式するのはよくない」と主張しています。宗教的な伝統として変わらないようにみえる葬儀に対して、費用のかかる葬儀を購入するという「消費」者としての視線が著名人らによって向けられたわけです。

これに対して、当時全葬連会長を務めていた小林總一郎氏（以下、小林元会長）は、この討論番組に対する意見として、「香奠の本来の意義は昔から物品で行われていた、死者に対する気持ちから発したもので、必要のない人は現在でも出さない。金持ちの階級の香典はこれを廃してもよかろう。しかし民生葬儀に該当しない一般庶民階級の葬儀に際しては、香奠のもつ意味はきわめて大きいことを忘れることはできない」と主張しています。

「葬式無用論」には、「因習打破」という人々への啓蒙とともにそこに経済的な利益を見出した宗教者、葬儀業者らへの批判が含まれていました。しかし、そもそも葬式を派手に行うというのは、宗教者や葬儀業者らが創造したものではなく、「家」の繁栄思想に基づく規範という側面もありました。葬儀は必ずしも亡くなった当事者や遺族らだけで行えるものではなく、「家」が跡取りによって継承されることを地域の人々にお披露目する機会でもあり、葬儀自体も地域互助によって成立していました。また、職場関係者などが参列する社交と義理の場でもあり、戒名の違い、派手な祭壇、葬儀における香奠の金額などが、その家の豊かさや社会的地位の象徴となりました。つまり、経済力や地位の差異が葬儀において示されていくことで、祭壇の豪華さを競う「誇示的（顕示的）な消費」に人々は駆り立てられていたわけです。

小林元会長は、「葬儀は費用がかかるから無駄というが、葬儀をしなくとも長い人生の結末を処理するにはかなり費用が必要である」とし、葬儀における費用の出費がやむをえないことを説きます。しかし、「死」と「不幸」への出費については「消費」者としての厳しい目が向けられ、小林元会長がいう「長い人生の結末を処理する費用」として、正当性をもった説明がされにくかったのではないでしょうか。なぜなら、その後も葬儀費用に対する批判は何度となく繰り返されているからです。

とはいえ、葬儀も「消費」行為の一つであるという認識を裏付けるかのように、葬儀サービスは拡大していきます。1972（昭和47）年に開催された全葬連の岐阜大会では、「業務の拡張と再開発」がテーマとして出されました。小林元会長がこの大会で主張したのは、業界が統一した葬祭サービスのパターンを形成し、専門事業者としての業務を確立することと、通夜・葬儀・告別式で業務を終了とするのではなく、その後の返礼品、法事、仏壇、墓、遺産相続などのアフターサービスについて再開発すべきというものでした。今日、終活はもはや当たり前のように注目されていますが、すでにこのとき遺産相続などを含めたサービスが考えられており、葬祭だけではないサービスも視野に入れていたといえます。

マナー文化としての冠婚葬祭

１９７０年代から80年代には、茶道家で冠婚葬祭評論家でもあった塩月弥栄子氏による冠婚葬祭マナー本が流行しました。地方出身者たちにとって都市部への移動は、新たな土地の文化やマナーへの対応を迫られることでもありました。冠婚葬祭もその一つで、都市も地方も関係なく共通するマナー文化としての冠婚葬祭が求められたわけです。そして、冠婚葬祭において地域社会からの葬儀の扶助が困難な場合にサービスを提供していく専門事業者としての葬儀業が１９７０年代に誕生しました。

マナー本ブームにのるかのように、大阪の大手葬儀社の公益社では、1975（昭和50）年に『葬儀の知識』という小冊子を企画・編集し、『週刊新潮』に隠れたベストセラーとして紹介され、評判を呼びました。この小冊子の序文には、「葬法に関しては他の行事よりも理解に困難な事が多く、古い慣習のみが伝承され常識化されています。しかし誰しもが生涯の最終を飾るにふさわしい荘厳味の調和する清浄・厳粛な儀式を望まれるものです。公益社では、更に簡素化を考え、現代生活にマッチした悔いの残らない葬儀、すなわちまごころ葬儀の創造に努力しています」と書かれています。

この序文を読むに、すでに葬儀を古い慣習とみなすだけでなく、現代の合理的な生活に合わせたような形に葬儀社自身が変わる必要性があることを示唆しています。葬儀業者らは、「生涯の最終を飾るにふさわしい」新たな文化を創造し、その文化の創造のためにサービスなどを売るというイメージを創りだすために、小冊子というメディアを使い、現代の生活にマッチした葬儀業であると大衆に広めていくようになったわけです。その際、「まごころ葬儀」という「心」が新たな葬儀のイメージとして掲げられていました。つまり、後述する社会の心理主義化の前に「心」が葬儀業界にとって大事だということを取り入れ始めていました。

ただし、これは死という「不幸」に対する葬儀の価格や葬儀業への不信感が払拭され、商業的な広告を大々的に出していくようになったというより、あくまでマナー本の延長であった点が特徴的です。葬儀業者らが現代の生活に合わせた葬儀を創造していく姿勢を表明するには、宣伝活動よりマナー本のような啓発活動という体裁をとったほうが、都合がよかった面があるのでしょう。

葬儀会館の建設と反対運動

１９６０年代、かねてより批判されていた世間並の葬式がより奢侈化していきます。この頃、葬儀や法要などを行う施設、葬儀会館が各地に建設されるようになりました。当時、マンションの建設や新興住宅地の開発などが各地で進み、葬儀をどこで行うべきかが問題になりつつありました。また都市化に伴って地域の寺院との関係が希薄になったこと、さらにさまざまな場所から移り住んでくる家庭も多くなったことなどから地域コミュニティが変化したことも葬儀会館の需要を後押ししました。特にニュータウンのようなある一時期に大規模な住空間が建設された地域では、これらの条件が揃いやすく、またいずれ死を扱う施設が必要となることが予測されていました。1971年に大阪府吹田市にオープンした大阪公益社の千里会館は、ニュータウンにおける葬儀の需要に応えるために建設されています。千里会館のある千里ニュータウンは、日本初のニュータウンで大半が高層住宅でした。そのため大阪府からの協力要請によって「自宅でできない葬儀を斎場で」ということから建設に至りました。

ただ表で示したように1980年代までは、依然として自宅で葬儀を行うこともあり、特に地方では都市に比べると敷地面積が広いことなどから自宅での葬儀がま

葬儀場所の変遷

単位：%

	1983	1986	1989	1992	1995	1999	2003	2007	2014
自宅	54.7	58.1	56.7	52.8	45.2	38.9	19.4	12.7	6.3
葬儀専門の式場（斎場）	5.2	5	10.5	17.8	17.4	30.2	56.1	64.9	81.8
寺、神社、教会	31.7	28.1	28.7	21.4	24.4	23.5	16.4	15.6※	7.6※
その他（集会所などを含む）	8.4	8.8	4.1	8.1	12.9	7.4	8.1	6.8	4.4

＊日本消費者協会「葬儀についてのアンケート調査」より作成。1983年、1986年、1989年、1992年は複数回答、1995年、1999年、2003、2007年は回答数の指定なし、2014年は単一回答
※2007年と2014年は「寺、教会」を対象とした

だ主流でした。また、葬儀会館の建設に際して、周辺住民の反対運動が起きることがありました。自分たちの住空間に遺体を安置したり、葬儀を行ったりすることが難しいのであれば、代わりの場所が必要になります。そこで葬儀会館が必要となるわけですが、いざ自分が住む地域に葬儀会館が建てられるとなると、景観や周辺環境の悪化が懸念されるようになります。また通学路をふさぐ、子どもへの教育に悪い、などの声もあがり、反対運動が展開されていきました。しかし、人が亡くなって葬られることが環境の悪化につながるということであれば、葬儀会館を利用する人々や住民は環境の悪化に加担していることになってしまいます。結局のところ、第三者の死を忌避する感情や自分たちが住む土地の価値を

下げるような施設という認識が根強いのでしょう。

葬儀会館の建設は、実は葬儀形式にも影響を与えている面があります。宗教施設以外の場所での葬儀が増えると、それだけ葬儀形式の多様化に対応しやすくなるからです。葬儀形式が仏式だけではなくさまざまな形式で執り行えるようになったのがいつからかは確定できませんが、遅くとも1987（昭和62）年までには葬儀形式の多様化の兆しがあったといえます。87年に発行されている『現代冠婚葬祭事典特装版修訂版』（三省堂）には、「どの宗教にも属さず、既成の形式にもこだわらないで葬儀をしたい場合は、葬儀社に相談するとよいでしょう。大きな葬儀社は、企画から演出まで引き受けてくれます」とあります。バブル経済の波に乗る形で1980年代は、徐々に個性や差異化が現れ、仏式の葬儀だけではない葬儀を葬儀社側も開発し、提供できるようになってきました。同時に、葬儀に関してメディアなどでも注目されるようになっていきます。

バブル崩壊、「葬儀費用が高すぎる！」の声

1993（平成5）年、NHKで放送されていた経済番組『くらしの経済』やその他民放のテレビで葬儀費用が高いといった内容の番組が特集されます。この『くらしの経済』では、日本消費者協会の調査結果とともに東京都内のある業者による平均的な費用を霊柩車などを含めて総額123万円ほどの高額になると紹介されていました。この時期は、バブル崩壊もあり、経済状況が悪化していました。それにもかかわらず、葬儀費用は高いままという不満が背景にあったため、各局が特集をしたと考えられます。

さらに1998（平成10）年になると、「世間並みの葬式をしてほしい」と答えた人が36・8％なのに対し、「身近な人だけで形式にとらわれない葬式でよい」と答えた人は、61・1％にのぼりました（読売新聞全国世論調査より）。この調査結果からみて、経済力を誇示するような葬儀ではなく、家族や知人といった故人と身近

な関係にある人たちが満足できる葬儀を希望するように、規模に対する考え方が変わってきたことがわかります。この流れを受けるように「家族葬」という言葉は1990年代から登場したといわれています。その背景として、高齢化、核家族化、都市化の影響が挙げられます。葬儀の会葬者も高齢化し、故人も喪主も定年退職しているケース、葬儀における地域との付き合いや手伝いが少なくなったことなど、さらには高額な葬儀費用への批判もありました。つまり、死後に対する不満や不安などが人々の間で高まっていたということがわかります。

死後の不安や不満が叫ばれるようになった1993年には、NPO法人が運営する「Liss（りす）システム」（以下、りすシステム）という日本初の生前契約が登場します。このシステムは、生前から葬儀や墓、死後事務といった死後にまつわることだけではなく、入院や施設入居などといった生前のサポートを行うというものです。90年代の半ばになると、高齢化問題がメディアなどで取り上げられるようになります。そうした風潮を受けて葬儀業が福祉事業に参入していく動きもありました。

葬儀サービスにも「心のケア」を

１９９５年という年はあらゆる意味で日本人にとって忘れることができない一年となりました。新年を迎えてまだ日が浅い、1月17日の未明、阪神・淡路大震災が起きました。淡路島北部を震源とし、マグニチュードは７・３という規模で、６５００人におよぶ尊い命が奪われました。この大震災では、死の危機に直面した被災者らの心的外傷後ストレス障害（ＰＴＳＤ）や「心のケア」が注目されました。この「心のケア」という言葉は、それ以前にもあり、心理学や悲嘆のケアに関する研究でも多くみられていました。ただ、このように心理学的な知識を援用して起きてしまった出来事を解釈する、あるいはそういう知識を積極的に求める（たとえば、教育現場で心のケアが重視されるなど）社会になったのは、この阪神・淡路大震災がきっかけだとされています。

葬儀に話を戻しますと、葬儀はあくまでも「儀礼行為」の一つですが、そこには人の「心」や「哀悼」が含まれます。そしてそれが宗教的なもので覆われてきたと考えられます。1980年代には、カトリック司祭のアルフォンス・デーケン氏（上智大学名誉教授）が日本において「生と死を考えるセミナー」を立ち上げ、死生学やグリーフワーク、ケアについて注目されるようになり、これが葬儀におけるグリーフワーク、ケアにも影響しています。ただ、死生学の範疇におけるグリーフワーク、ケアと葬儀におけるケアには、微妙にずれがあります。1980年代以降の死生学やグリーフワーク、ケアへの関心は宗教的な関心に近いところにありました。葬儀業界では1970年代から「心」をマナーと結び付けていましたので、どちらかというと、「心」はサービスの中に組み込まれるものだと考えられてきたといえるでしょう。ただし、そうした配慮や共感はサービスの内容として遺族側に明示されるわけではありません。葬儀業者の態度や表情、接し方などで表されています。

実際、故人を前にして悲嘆にくれる遺族へ「配慮をする」、「ケアする」ように接しようとしながらも、葬儀を滞りなく手配しなければなりません。そうなると、遺族側からは葬儀業者の感情は見えにくいものですし、家族の状況や事情はそれぞれ違うため、葬儀業者自身も何が必要な配慮なのか、どんなケアをしたらよいかを考えながら接しなくてはなりません。社会的な流れとして、遺族の心への配慮や共感を組み込む「葬儀サービスの心理主義化」は、顧客満足度とグリーフワーク、ケアがイコールではないがゆえに、これといった正解が見えにくい状況といえます。ただ、死別体験者が集まる会を実施している葬儀社もありますので、葬儀ではなかなかケアできないとしても、その後のケアにはつながっているかもしれません。

葬儀に関する「4つの役務サービス」

ここでは少し話がそれますが、葬儀社の役務サービスについて確認しておきましょう。葬儀に関する役務サービスは、儀礼に関わるサービス、移動に関わるサービス、遺体に関わるサービス、世俗的な手続きというように４つに大別することができます。掲載した表をご覧いただきたいのですが、この表は、１９８０年代と２０００年代の葬儀業によって提供された葬儀サービスを比較したものです。２０００

1980年代と2000年代における葬儀サービスの比較

	1980年代	2000年代
儀礼に関わるサービス	告別式の司会	通夜、葬儀、告別式の司会
	僧侶、神官、牧師の紹介	僧侶、神官、牧師の紹介
	告別式の写真撮影	告別式の写真撮影
	お布施等についての助言	お布施等についての助言
	葬儀式場の紹介	葬儀式場の紹介
		セレモニースタッフの手配
		葬儀形式の相談（無宗教葬、音楽葬、家族葬など）
		生前からの葬儀についての相談（事前相談）
移動に関わるサービス	道案内の表示	道案内の表示
	ハイヤー、マイクロバス、霊柩車の手配	ハイヤー、マイクロバス、霊柩車の手配
	病院から自宅までの遺体の搬送	病院から自宅までの遺体の搬送
		火葬場までの同行
遺体に関わるサービス	死装束の着装	死装束の着装、死化粧
	遺体の湯灌	納棺の立ち会い
		ドライアイスの処置
		湯灌業者への手配
		エンバーミングの手配
世俗的な手続き	役所への死亡届の代行	役所への死亡届の代行
	火葬の手配	火葬の手配

1980年代は国民生活センター『葬儀サービスの実情と比較』国民生活センター、1988年、27ページより。2000年代は筆者のフィールドノーツなどより作成

年代には、儀礼にかかわるサービスと遺体にかかわるサービスが増えています。今後は、儀礼だけではない生前のサービスや死後のサービスが増えていくと見込まれています。

また1980年代に比べ、2000年代の葬儀は、葬儀サービスの消費者＝遺族を対象にするものが多くなっていきます。「僧侶、神官、牧師の紹介」といった葬儀を宗教的に司る宗教者も、葬儀業者が仲介し手配するようになっています。なお表の項目にある「お布施等についての助言」ですが、これは、金額の説明というよりも、その内訳（戒名料、お経料など）の説明を指している場合が大半です。私が都市部でフィールドワークをした際、葬儀業者側から具体的に「〇〇円です」と伝えている場面はありませんでした。僧侶から「〇〇円です」と明確な金額が事前に伝えられていた場合は別ですが、そうではないかぎり遺族から金額を聞かれた場合、「お気持ちで」、あるいは「ご住職とご相談ください」と遺族から僧侶に直接相談してもらうように促していました。いずれにしても、葬儀業者によって葬儀の「宗教性」が担保されるという逆転した現象が、すでに1980年代までには起きていました。

映画『お葬式』と『おくりびと』

1980年代と2000年代はともに葬儀に関する映画が公開されています。映画というエンターテインメント性の高いジャンルに葬儀が登場するのは、ある意味、センセーショナルで話題を呼びました。1984年に公開された伊丹十三監督の『お葬式』では、遺族が右往左往する様子がユーモアを交えて描かれていましたが、葬儀社の社員は、そのなかでもやや暗い印象で、かつ主人公ではないという設定でした。この映画では、葬儀における遺族をとりまく人間関係にスポットが当たっていたといえます。

2008年に公開された滝田洋二郎監督の『おくりびと』の主人公は納棺師でした。この映画では、その仕事を通じて遺族の心に寄り添っている様子が描かれていました。その一方で、主人公の妻からはその仕事への理解がなかなか得られず、仕事を辞めてほしいと懇願されている様子も描かれています。近年では、2018年に葬儀社社員にスポットを当てた『ゆずりは』（加門幾生監督）も公開されています。また、映画ではありませんが、2022年のドラマで『エンジェルフライト　国際霊柩送還士』など、遺体の搬送に関する仕事をテーマとした作品が登場しています。これらを見るに、エンターテインメントの世界でも葬儀や葬祭業界を「タブー視」する傾向が薄まり、むしろ、これまであまり触れることがなかった世界を覗いてみたいという関心が人びとの中にあったのだと思われます。

「終活」の登場から「おひとりさまの終活」へ

メディアとの関連でいえば、2009（平成21）年に「終活」という言葉が登場しました。『週刊朝日』で取り上げられたのが最初だといわれています。先ほど触れた映画『おくりびと』が公開された翌年です。また、2010（平成22）年に『週刊朝日Ｍｏｏｋ』に「2010終活マニュアル　わたしの葬式　自分のお墓」

という記事が掲載されました。さらに、２０１１（平成23）年と翌年には経済産業省が「ライフエンディング・ステージ」に関する調査報告書を相次いで出しました。ライフエンディング・ステージとは、「人生の終末や死別後に備えた生前からの準備を行う〈行動〉、ライフエンドとその後の遺族等による生活の再構築の〈時間〉の双方を合わせた領域」と定義されています。「終活」は当事者が中心的に死とその前後のことを準備し、活動することを指しているといえますが、「ライフエンディング・ステージ」の場合はもっと長い期間を指し、遺族もその対象に含められています。

２０１１年に行われた調査の中で「病状や状態に応じて希望する医療・介護・福祉が受けられる支援やサービス」について問うものがあり、自分のためにも家族のためにも必要と考えている人はどちらも6割を超えていました。その一方で、死亡後のサービスでは、自分のためというより家族のために必要と思っている人が多いという結果が出ました。さらに「行政機関や金融機関等での手続き支援やサービス」は、自分のためというものは皆無でしたが、家族のために必要であると思っている人は5割を超えていました。この調査からは、２０１１年の時点では、自分自身のために死後の準備をしたい、そのためのサービスが必要だと考えている人は珍しかったということがわかります。

２０１３（平成25）年、『終活読本 ソナエ』（産経新聞出版）という雑誌が出版されます。キャッチフレーズは「いつか迎える「その時」。」などが掲げられ、葬儀社や墓選びだけではなく、トラブルが起きてしまった際の解決方法、さらには著名人のインタビューなどが掲載されたその内容は一般の人たちにも読みやすいものでした。またこの時期になると、単身世帯が目立つようになり、「おひとりさま」や「ひとり」といった言葉が登場します。そしてそれら単身者が抱える終活に対する不安に応える書籍も刊行されるようになっていきます。２０１１年に出された中澤まゆみ氏の『おひとりさまの終活』（三省堂）や２０１６年の小谷みどり氏の『ひとり終活　不安が消える万全の備え』（小学館新書）などが挙げられます。２０２

1（令和3）年には『お終活　熟春！　人生、百年時代の過ごし方』（香月秀之監督）という熟年夫婦の「終活」を発端とした家族の騒動をユーモラスに描いた映画が公開され、近年でも終活への注目度は上がっています。

これらの現象を見るに、家族をサービス対象者とするというよりも、独居者・独身者向け、あるいは（家族がいても）いずれひとりになる人向けの市場という捉えられ方にシフトしてきたといえます。これは、生涯未婚率が上昇し続けてきたことも関係しています。50歳時の未婚割合は、1990年は男性が5・6％、女性が4・3％でしたが、30年後の2020年は男性28・3％、女性17・8％と上昇しています。日本の場合、婚外子がいるというケースは少ないため、50歳時の独身者が増えるということは、その人たちがそのまま高齢者になった場合、介護する人もいなければ、死後の事務手続きをする人や葬儀を出す人もいない「無縁」の人（他の親族に託すことができる場合を除く）が増える可能性が高いということです。

依然として続く厳しい経済状況、家族のあり方や生活スタイルの変化がさらに進むなかで、葬儀不要論が再び浮上します。２０１０年、宗教学者の島田裕巳氏によって『葬式は、要らない』（幻冬舎新書）が出版されました。この著書に限ったことではありませんでしたが、日本の葬儀費用の高さを指摘し、葬式仏教における戒名料への批判も展開しています。直葬や小規模な葬儀であれば飲食接待費用は抑えられ、香典返しの必要もない。同時に僧侶を呼ばなければ戒名料を含めたお布施もかからない、というわけです。また「葬式の出費を抑えたいのであれば、すべて自前でまかなうのも不可能ではない」というような意見も述べています。歴史的に繰り返される葬儀不要論ですが、不要というよりも戒名やお布施、直葬以外の形式で行った場合の葬儀費用などが高額であることへの批判が主となっています。ただ、こうした葬儀の要不要といった視点は、どちらかといえば平時の状態を想定しています。

棺などを拠出した東日本大震災

２０１１年３月11日、東日本大震災が起きました。死者数は１万５９００人にのぼり、いまだに行方がわからないままの方も２５２０人います。自宅から避難途中で亡くなった、あるいは避難場所で亡くなった方もいました。福島第一原発の事故を受けて遠方地域に避難せざるをえなかった人も大勢いました。死を受け入れるなど到底できない状況です。さらに、遺体の数も多く、亡くなった方々を弔う環境も整わないという事態も生じました。ただ、そういった状況だからこそ、「葬儀をしたい」と考えた人も多くいました。また、生きているのか、それとも亡くなっているのかわからないという行方不明者を持つ家族などが、時間が経過するうちに「区切りを付けたい」という想いから、遺体がない状態で葬儀を行うケースもありました。

地震発生直後、全葬連とその傘下の組合と所属企業は、経済産業省、厚生労働省、警察庁、宮城県庁などから棺の拠出の要請を受けました。また、被災地からの要請に応じて棺、仏衣、納体袋なども拠出し、全葬連傘下の組合からはボランティアが派遣されました。

なお、地震が起きたその年の11月５日には東京都港区の増上寺において、全葬連の主催によって東日本大震災犠牲者合同慰霊祭（後援：全日本仏教会、東京都仏教連合会）が開催されています。

ネットで楽々葬儀社検索の時代へ

今や私たちの生活になくてはならないといっても過言ではないインターネット。日本で利用が進んだのは１９９０年代からでしたが、２０００年以降になると高速・定額料金・常時接続のブロードバンドが普及し、一般家庭でもインターネットの利用が進みました。調べものをするとき、図書館や書店に行かねばならなかったのが、自宅で情報を容易に得られるようになり、私自身も大いに助けられたものです。一般企業においてホームページが作られるようになり、葬儀業者のホームページも増加しました。葬儀業はそのイメージから広告宣伝を打ちにくい、打てないといわれてきましたが、インターネット上では、そういった歴史が感じられにくいところがあります。

2016年、全葬連は、インターネットで葬儀社を検索する時代への対応として、紹介サイト「お葬式検索.jp」をオープンします。全葬連所属の葬儀社が登録されているサイトで、トップページには、地域から葬儀社を探せるようになっています。この検索サイトの背景には、葬儀社紹介事業などへの危機感がありました。ただ、消費者側からすれば、葬儀社を検索するのは当たり前になったといえます。

2000年代以降、安価な葬儀情報を提供するサイトが目立つようになりました。少しでも安いところをサイトから見つけようということもあるでしょう。また、普段から葬儀社選びなどをしていれば別ですが、突然、家族が亡くなったとき、近くの葬儀社を知らないなどの理由もあるでしょう。1978～1982年、「葬儀社」への依頼が65・3%、「冠婚葬祭互助会」が17・2%、「農協・生協・漁協」が4・

6％、「その他」が15・2％でした。当時は、「インターネット上の仲介者」という項目がありませんでした。それが2014年以降、回答項目に登場します。2020年以降に葬儀を行った人たちの依頼先は、「葬儀社」が82・0％、「冠婚葬祭互助会」が8・6％、「農協・生協・漁協」が4・6％、「インターネット上の仲介」が0・5％、「その他」が2・4％でした。インターネットを介して葬儀を依頼するのは、全国的にはまだ少数派ということになります。依頼先を決める際に参考にしたものについては、「葬儀社や互助会の会員になっていた」で38・0％、次いで「以前利用した」が24・6％、「知人・親族などの紹介」が21・9％で、「インターネット広告」は3・2％でした。これは全国平均なので、地域ごとで見てみると東京都周辺の関東で「インターネット広告」と回答した割合が高い結果となっています。地方から東京近郊に居住した人々が、居住地近くにどのような葬儀社があるか知らない、あるいは地域住民の葬儀への出席経験があまりない、価格を比較して葬儀社を決めたい、などの理由からインターネット広告を参考にしているのでしょう。

2020年には「読売新聞」で「備える終活」、「続　備える終活」という記事が掲載されました。エンディングノート、葬儀や墓だけでなく遺言準備、生前整理、家族信託などが取り上げられています。特に家族信託については、元気なうちから子どもに管理を委ねる信託契約を親子で結ぶことを勧める記事が取り上げられている点で象徴的といえます。というのも、背景には、社会における個人化、たとえば、家族は最も親密な関係だと思っていたとしても、家族に頼りきることへの躊躇、あるいは家族の迷惑になりたくない、など死に直面した当事者と家族との関係性も非常にセンシティブになっていることが考えられるからです。つまり、高齢期を迎えた当事者に関する費用や管理を家族がスムーズに行える、というよりも家族といえどもスムーズとは限らないからこそ、制度を利用しながら進めるという側面があるのです。2010年前後からその傾向はありましたが、新型コロナの流行により、ますます顕著になったといえます。

コロナ禍でオンラインでのやり取りが増え、対面でのやり取りが減少したことで、すでに小規模化傾向にあった葬儀はますます縮小していくと予測されます。今後は、霊柩車においても自動運転システムが取り入れられる可能性がありますし、テクノロジーの影響がどこまで儀礼に波及するかも問われるでしょう。しかし、これまでも振り返ってみれば、儀礼自体は存続しても、時代とともに改変されてきたものだと思います。

くしくも明治期に平出氏が指摘していたように、「風俗」や慣習は社会の変化を反映しています。そして、葬儀もまたその一つです。ただ、明治期と異なるのは、死後を家族や親族、地域などからの助力があることが前提で葬儀業に依頼していた時代から、果たして葬儀を執行できる人がいるかどうか、あるいは葬儀執行を希望するか否かに変わりつつあるところでしょう。

第4章　葬儀業界の現在地

国内の市場規模

ここまで葬儀の流れや葬儀業界の変遷などを中心に述べてきましたが、葬儀を執り行う葬儀社自体に興味が湧いてきた方もいらっしゃるのではないでしょうか。しかし、日常生活の中で葬儀社との接点はそう多くないですし（むしろほとんどない）、情報も少ないです。正直なところ、謎のベールに包まれている業界なのかもしれません。ここでは現況などをまとめていきます。葬儀社を選ぶ際などに思い出していただければと思います。

葬儀を主として扱う専門の葬儀社は割賦販売法に基づいていないので、許認可・登録事業制ではありません。ですから、市場規模を算出したものなどがインターネット上でまとめられていたとしても、その数字は正確とはいえないのが実情です。インターネット上の情報によれば、葬儀業界は多死社会を背景に国内市場規模が１兆５０００億円以上にのぼるともいわれています。また、関連事業者も生花店、仕出し料理などの飲食業、供物や香典返しの贈答品事業など多岐にわたりますので、どこまでが葬儀業界であるのかということを考えるのも難しいところです。

経済産業省が発表しているデータによれば、2022年の売上高は、5599億4600万円となっています。これらは調査対象となった2780事業所の合計で、単純計算すると、1事業所あたり年間約2億1000万円の売上だといえます。これに全国に分布する葬祭会館数、約1万所をかけてみると、約2兆円になります。しかし、事業所＝会館数ではありませんし、売り上げには、葬儀に関連する物品やその他の役務サービスなどの売り上げを含んでいること、そもそも調査への回答を行っていない葬儀社も一定数あると思われるので、果たしてこの数字が市場の実態をどの程度反映しているのかは不明です。

そこでさらに、日本消費者協会が発表している葬儀一式費用からも算出してみましょう。2020年以降、葬儀一式費用の全国平均は111万9000円となっています。これに2022年の死亡者総数143万9856人をかけると約1兆6000億円になります。先ほど述べたインターネット上で掲載されている国内市場規模の1兆5000億円の数字に近い額です。しかし、これもまた正確であるとは言えないのです。そもそも死亡者数には、生活保護受給者が含まれていることがあります。生活保護受給者は、生活保護法により、葬祭扶助を受けることができるようになっています。必要最小限の葬儀を自己負担0円で行うことができるのです。その一方で、社葬に代表されるような多額の資金をかけて行われる葬儀もあります。死亡人口から算出すると、極端な額の葬儀をも含めてしまうため、全体像がつかみきれません。正確さを欠いていることを承知の上でいうならば、約2兆円から約1兆6000億円の幅がありえる市場だということになるでしょう。

葬儀業界の変遷を別の側面からみるよい機会ですので、過去の売上高についても触れていきましょう。2000年は、1事業所あたりの売上高は、約4億6700万円でした。2005年には、4億1300万円、2009年は3億6800万円です。２０１０年は、３億５５００万円でした。２０００年からの10年間で売上高は下がり続けています。日本消費者協会の調査でも、２００１〜２００３年の平均葬儀一式費用の１５０万４０００円を最後に下がり続けています。いずれにせよ、売上高と葬儀にかける平均的な費用ともに下がっているのです。葬儀は他の業界と比較しても売上高の大幅な増減がないとみられてきましたが、２０００年以降のデフレ経済によって消費者の葬儀価格への厳しい目もあったのかもしれません。とはいえ、売上の下げ幅自体は、２０１０年までは約１億１２００万円程度になっています。

一事業所あたりの売上高は

続いて２０１１年以降の１事業所あたりの年間売上高をみていきましょう。２０１１年は約３億１５００万円、２０１４年には約３億を切っています。２０１５年には約２億７５００万円になりました。その後、ずっと下がり続けています。新型コロナ前の２０１９年には、約２億４０００万円ですが、２０２０年は約２億２０

1事業所あたりの平均売上高・取り扱い件数の推移

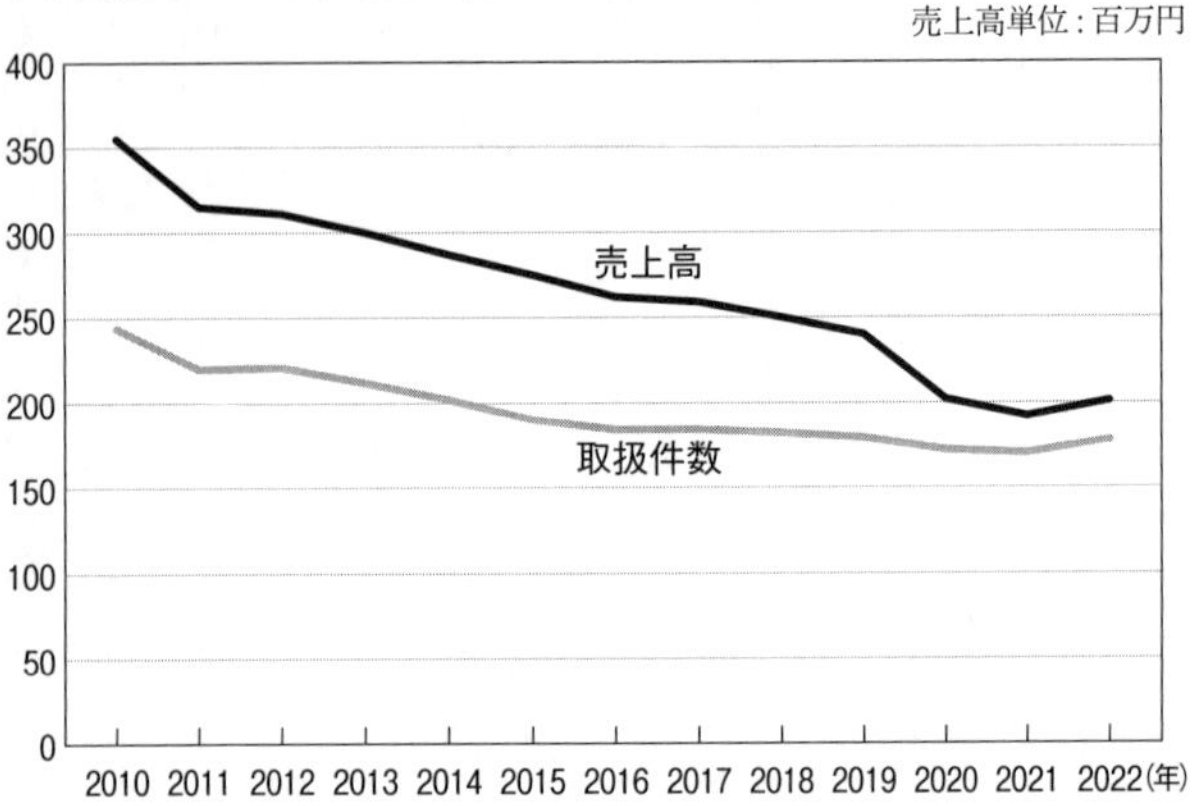

出所：経済産業省「特定サービス産業動態統計調査（葬儀業）」（2022年）を参考に作成

００万円、２０２１年は約１億９２００万円で下がった後、２０２２年は少し上がって約２億１００万円でした。２０２１年は新型コロナの変異株の流行などもあり、葬儀で人が集まることができなかったとはいえ、２０１０年と比べると２０２１年までで１億５０００万円以上、売上が落ちたことになります。

２０２２年には少し戻りましたが、２０００年から２０２２年までの22年間でも合わせて約２億５６００万円も売り上げが落ちています。また、２０

００年以降の20年間でも前半10年間と後半10年間では、後半のほうが売上の落ち方がやや大きくなったわけです。もともと葬儀費用への価格抑制が働いていたうえにコロナ禍で葬儀が小規模化したこと、葬儀における飲食費などがなかった分、諸経費が抑えられたことなどが影響したと考えられます。

次に１事業所あたりの取扱件数をみると、２０１１年の約２２０件を境に減少傾向にあります。新型コロナ前の２０１９年が約１７９件で、２０２０年は約１７２件、２０２１年が約１７０件、２０２２年は約１７８件でした。ただ、直前の２０１９年と比べても、件数自体に大きな変動があるわけではありませんでした。これは、ある程度、死者数に応じて遺体の搬送業務などがあるためだと考えられます。とはいえ、件数が２０１０年より前の数にはおよんでいません。その要因として、葬儀業界に新規参入事業者が増加していることなどの影響もあると考えられます。また、売上も減少していますが、これは１事業所全体での売上と件数になります。そこで、葬儀１件あたりの平均売上高がどのくらいかも確認しておきましょう。

1事業所の1件あたりの売上　売上高単位：百万円

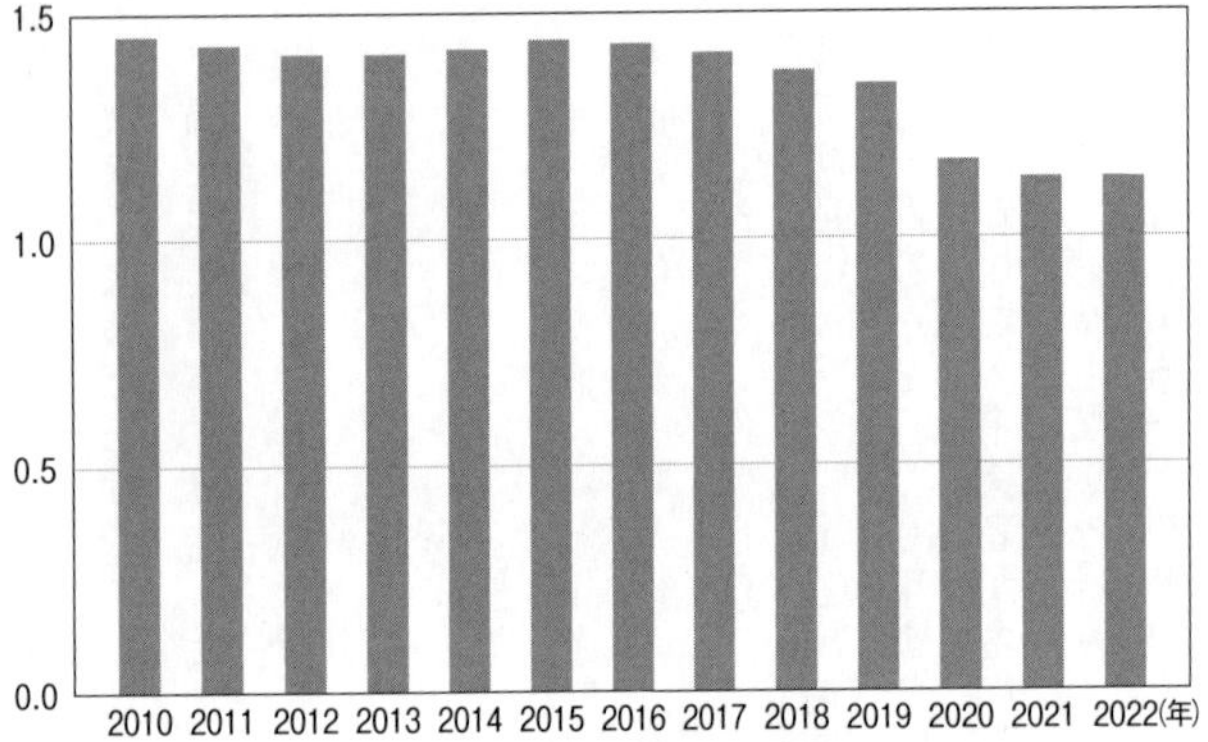

出所：経済産業省「特定サービス産業動態統計調査（葬儀業）」（2022年）を参考に作成

２０１０年の取扱件数１件あたりの平均売上高は約１４５万円でした。翌年は約１４３万円に減り、大体、１４１万円から１４４万円の間を推移していましたが、２０１８年に１４０万円を切り、２０２０年には約１１７万円になりました。２０２２年は約１１３万円です。先ほどの日本消費者協会が行った調査の全国平均の１１１万９０００円に近い数字です。ということは、約１兆６０００億円は、実際の売上の数値から遠い数字ではないのかもしれません。

死亡人口が多ければ、葬儀施行件数と同時に売上も伸びるだろうと単純に考えてしまいます。しかし、今後、年間売上高は1兆6000億円以下になる可能性が高いでしょう。先述したように、人口の多い都市部では家族葬が定着してきたこと、家族葬は一般葬に比べて人数の少ない葬儀であること、たとえ家族葬の単価を高く設定したとしても、消費者（となる可能性のある人々）の目は、ますます費用に関して厳しい目を向けることなどから、単価は下がっていく可能性が高いからです。死亡人口とともに成長産業といわれて久しい葬儀業界で次々と関連する事業が立ち上げられていますが、右肩上がりとばかりはいえなくなってきています。

日本初の葬儀業者による全国組織「全葬連」

ここまで何度か登場している「全葬連」。この全葬連は、葬儀業界を知るうえで欠かせない団体です。この章では、その全葬連についてもう少し詳しく説明しておきたいと思います。

全葬連は全日本葬祭業協同組合連合会の略称で、1956（昭和31）年に創立されました（当時の名称は、全日本葬祭業組合連合会）。日本最大の葬祭専門事業者団体で2023（令和5）年3月の時点では、1262社の葬儀社が加盟しています。より踏み込んだことをいえば、葬儀社各社が全葬連に加盟しているというよりも、単組と呼ばれる各都道県にある57事業協同組合の全国版が全葬連です。

第3章でまとめた業界の変遷の中で触れたように、戦後、国民の生活を向上する目的として新生活運動が展開されました。これにより、葬儀の簡素化、付加価値税導入について陳情などの問題が葬儀各社の中で課題となりました。さらに葬儀業界の地位向上や国民に向けた啓蒙活動の必要性も業界内で叫ばれ、1949（昭和24）年、東京葬祭業協同組合が創設されます。それから1953（昭和28）年、東京都中央区築地本願寺において、東京都葬祭業協同組合が発足されました。その後、当時理事長を務めていた小林總一郎氏（のちに全葬連会長）が大阪、神戸、横浜、京都、名古屋の六都市の代表者とともに全国組織の必要性を訴えたことで全日本葬祭業組合連合会が1956年に創立されたのです。

今でこそ葬儀業はサービス業として定着していますが、そもそも葬儀業者を監督・指導する省庁が定まっていませんでした。葬儀業が「遺体を扱う」事業か、祭壇など葬具を扱い葬儀を取り仕切る「葬祭サービス」事業なのかがはっきりしていなかったことがその要因の一つとしてあげられます。すでに霊柩運送事業は、運輸省（当時）が、火葬業は、遺体を扱うという衛生的な観点と「墓地埋葬等に関する法律」の関係から、厚生省（当時）が所管していましたが、葬儀業は業務内容が曖昧だっただけでなく、届け出などがなくても葬儀事業が始められることもあり、所管する省庁も確定されていませんでした。また、遺体を扱う観点から「遺体取扱師」という名称も用いられ、「墓地埋葬等に関する法律」との関係から厚生省（当時）の管轄になる可能性がありました。結果的には、今後の事業展開を見据え、葬儀はサービス業ということで、当時の通産省、現在の経済産業省の管轄となりました。1975（昭和50）年、通商産業省（当時）から、全葬連は全国団体として認可を受けます。名称も現在の全日本葬祭業協同組合連合会と改められました。認可を受けるにあたって出された全葬連設立趣意書にはその当時の葬儀業界の様相を垣間見ることができる箇所があります。その一部を抜粋しておきます。

「現在の日本に欠けているもの、それは道義であります。この道義の廃退がもたらすものが、すなわち社会道徳の欠如となって表現されるわけであります。我が国民が古来より美徳として誇ることの出来た祖先崇拝の高邁な精神は、この道義の低下によってうち砕かれ、この精神を基礎として執り行われてきた葬祭の観念も道義と共にますます低落していきつつあります。人は、葬祭の本旨を忘れ、儀礼を無視し、徒に合理化精神に基づいた安易な儀式を求める時代であります。言い換えるなら、人生最終の葬祭儀礼ですら、こうした考え方によって低落していくことは、ひとり葬祭文化のみならず、社会のあらゆる文化が忘れられつつあると言わねばなりません。それにも拘わらず、葬祭事業界およびそれを取り巻く関連事業体などにあっては、業務の本質を忘れ、製品の開発、価格の高低にのみとらわれた考え方で、これにあたってきたと申すことができます。［中略］この全日本葬祭業協同組合連合会の活動は、時代に合った経済活動と合理的経営、あるいは、収益性の確保と同時に社会文化の一端を担うものであることは、我々専門事業者として当然と言わねばなりません。」

この趣意書には、まず、現在の日本に欠けているものとして「道義」という社会道徳が挙げられています。また認可を受けたその当時は、「人は、葬祭の本旨を忘れ……安易な儀式を求める時代であります」と述べられているように、葬祭文化が新生活運動のときのように行政によって破壊されるのではなく、人々の「合理化精神」が「安易な儀式を求める」ようになったときでありました。そうした世の中の流れを受けて「人生最終の葬祭儀礼ですら、こうした考え方によって低落していくことは、ひとり葬祭文化のみならず社会のあらゆる文化が忘れられつつあると言わねばなりません」という、人々への警告のような言辞も並んでいます。

これらの言葉からは、自らの事業の「製品の開発」、「価格の高低」といった葬儀における考え方を戒め、文化を担うことを示そうとしながらも「時代に合った経済活動と合理的経営」という姿勢も垣間みられます。つまり、葬儀が人々にとって「安易」な儀式となり「合理化」されることには反対する一方で、「合理的経営」という観点は肯定しているのです。これを葬儀業界のご都合主義と切り捨てることは簡単です。ただ、この時代、自らの事業をどう位置づけるか、という点、つまり「遺体を扱う」、「葬祭文化を扱う」、「人々からの事業者批判」、「通産省からの認可」という事情を含め、いかにして自らの事業を正当化していくかに苦心していたのではないかと考えられます。結果的に葬儀業界はサービス業として認められ、今日に至ります。また、世のニーズに合わせたサービスを充実させることを目指して消費者相談室も開設されました。

行政との連絡窓口業務も

全葬連は、業界内の活動促進や対外への広報活動などだけではなく、行政などとの連絡の窓口機関としての役割も担っています。自然災害が多い日本では、地方自治体がそれぞれの地域の特色や要望に応じた緊急時の支援体制を整えることが必須となっています。とりわけ、避難施設の確保や災害弱者とされている高齢者や乳幼児の受け入れ体制を整えることは急務となっています。そこで関係組織・機関、ＮＰＯ団体などと締結し、備えています。全葬連もそうした関係組織の一つといえます。全葬連は、発足直後から災害対策窓口の設置を行政に要求し、都道府県や市区町村と災害協定を結んできました。２０２２年９月１日時点で47都道府県１６４市町村14東京都特別区と災害時の応援、支援協定を締結しています。また全葬連だけでなく、全国に存在する冠婚葬祭互助会事業者の８割以上が加盟する業界団体である全日本冠婚葬祭互助協会（全互協）も自治体と災害協定を締結しています。

地震や水害などは、その規模によって多くの死亡者が出ることがあります。災害発生直後は生存者の安心・安全を確保することなどが最優先されるため、平常時のように故人をていねいに弔うことが難しくなります。しかし、故人の尊厳や感染症の危険などから遺体をそのまま放置することはできません。そういった場合、まず、感染症の危険のある遺体を納める非透過性納体袋や棺が必要になります。ドライアイスなどで腐乱を止める、体液が漏れないようにする、など火葬までの時間、できるだけ尊厳を保つことも必要です。火葬場もすぐに稼働するとは限らないので、それまでの時間、棺に納めておくことが大事です。この、遺体を棺に納めるという行為は、現場葬儀社のスタッフによって行われます。しかし、全国各地の葬儀社が自社で100や1000単位の多くの棺を備蓄しているわけではありません。そのような時、全葬連や全互協が備蓄している棺などを供与します。

1985（昭和60）年8月に起きた日航機墜落事故や1991（平成3）年6月の雲仙普賢岳噴火災害、1995（平成7）年1月の阪神・淡路大震災などでも全葬連は各自治体などの要請に応じた支援やボランティア活動に取り組んできました。2000年代以降でも、2011（平成23）年の東日本大震災、2014（平成26）年の広島豪雨災害、2016（平成28）年の熊本地震、2017（平成29）年の九州北部豪雨、２０１８（平成30）年の西日本豪雨、北海道胆振東部地震、２０２０（令和２）年７月の豪雨災害、２０２１（令和３）年の熱海市伊豆山土石流災害などといったように、毎年のように起きるようになった自然災害に対しても積極的に支援活動を行っています。

「葬祭ディレクター」制度の創設

全葬連は「葬祭ディレクター」という資格制度を統括する役割も担っています。この資格制度は、厚生労働省が認定している葬祭ディレクター技能審査です。１９９５（平成７）年に葬儀業界に働く人々の技能振興を目的として設立され、翌年から実施されてきました。全葬連が「国家資格制度を導入しよう」と組織決定したのは、１９８４（昭和59）年で、翌年に通産省、厚生省、労働省に出願するものの、「葬儀は宗教が絡むので問題が出てくる」ことから「資格制度には馴染まない」と取り上げられなかったそうです。葬儀業界側は、「宗教的儀式は僧侶、神父など宗教者の方が行うものであり、葬儀社はどんな宗教で営まれるにせよ、あくまでサービスを提供しているのであって宗教行事を執り行っているわけではない」と反論するも取り上げてもらえませんでした。すでに1975（昭和50）年にサービス業として行政から位置づけられているにもかかわらず、彼らの行っていることがサービスであるという認識は、行政側に薄かったというのが実情でした。

この資格が葬儀業界にとって、なぜ重要なのでしょうか。それは、葬儀業の職業的・社会的地位が関係しています。葬儀業は、職業的に差別されることが多く、「人の不幸でお金をとる」など葬儀業に対する批判もつきまとっていました。こうした状況を変えるべく、葬儀業界により自らの職業的地位の向上を目指して創設されたのが葬祭ディレクター資格でした。実は、この資格ができる前に全互協側にも全葬連側にもそれぞれ資格制度がありました。全互協は「葬祭士」、全葬連側は「一般葬祭専門士」という団体内の任意資格でした。全国的に認知されるような資格制度にするために1985（昭和60）年、全葬連は通産省、厚生省、労働省（いずれも当時）の各省庁に働きかけていました。

そのようななか、労働省側から「全葬連、全互協それぞれ独自の検定を実施するのではなく、両団体が共同で、かつ業界全体に開いて『技能審査』で実施したらどうか」という助言を受けたため、両団体での統一資格として協議が始まりました。資格制度への熱意は両団体ともにあったので、葬儀業界全体の「葬祭ディレクター」資格の発足につながりました。

『葬祭ディレクター技能審査20年史』（葬祭ディレクター技能審査協会）によると、この資格は、アメリカのフューネラルディレクターにならって、国際的な水準を確保した学科試験が目指されました。アメリカにおいてもフューネラルディレクター制度が取り入れられた背景に消費者とのトラブルがあり、消費者保護の観点から専門家が必要という認識で採用されたという経緯がありました。アメリカでの制度を参考にしてはいますが、日本の葬祭ディレクターですので、試験内容は日本の葬儀のやり方になります。

この葬祭ディレクター資格には、1級と2級があります。1級の受験資格は、葬祭実務経験を5年以上有する者、または2級合格後2年以上葬祭実務経験を有する者とされています。2級の受験資格は、葬祭実務経験を2年以上有する者となっています。1級の試験内容では、個人葬・社葬などの大規模葬を含めたすべての葬儀における相談、会場設営、式典運営などの葬祭サービスの詳細な知識と技能が問われます。2級の試験内容では、個人葬における相談、会場設営、式典運営などの葬祭サービスの一般的な知識と技能が問われることになります。1級か2級の葬祭ディレクター資格保持者かどうかは、葬儀相談や葬儀の際に何らかのユニフォームなどを身に着けているわけではないので、おそらく見た目からではわからないと思います。ただ、葬儀業者から渡される名刺などに書かれていることがありますので、関心がある方は注意してご覧いただくとよいでしょう。

2000年代以降の全葬連独自の取り組みについても少し触れておきたいと思い

ます。2007年、全葬連において、「葬祭サービスガイドライン」が策定されました。このガイドライン遵守が全葬連の所属員に徹底されており、業界としては悪質な業者によるトラブルを防ぐことが目指されています。さらに、「全葬連葬儀事前相談員資格」という業界内資格制度が2012年にスタートしました。「全葬連葬儀事前相談員」の第一回目の実施要項では、接客サービス（接遇）中心の講習を受け、筆記試験、接遇の実技試験を受験後、認定となっています。現在、事前相談員資格講習の対象者は葬祭実務経験3年以上の者になります。事前相談を行うことで、葬儀社と当事者側とが納得のいく葬儀について明確にできることもあり、相談に力を入れている葬儀社もあります。

農協葬の参入を警戒

戦後、いわゆる狭義の葬儀業界への新規参入が盛んになりました。とりわけ冠婚葬祭互助会と農業協同組合（JA）による参入が大きな流れとしてみられました。その後、葬儀業界には多くの企業が参入してきています。よく知られているところでは、小売大手のイオン、ＪＲなどの鉄道事業者によるものです。かつては百貨店、また１９７３年頃には映画会社の東宝も新規の葬儀社との業務提携を発表したこともありました。ただ、そのなかでも冠婚葬祭互助会と農業協同組合の参入は、葬儀業界にとって「脅威」と捉えられていた節があります。現在では、両者とも以前ほど問題視されるようなことはなくなっていますが、葬儀社は家族経営のところが多かったこともあり、当時は反対運動なども起きることがありました。農業協同組合による農協葬については、あまり知られていないこともありますので、説明していきましょう。

　農協葬を執り行っている農業協同組合は１９４７年、農業協同組合法が公布・施行され、農業会の組織、資産、職員を引き継いだことによって発足されました。組合員から「葬儀も取り扱ってほしい」という声が出ていたこともあり、葬儀を事業として扱い始めたのは、１９６０年代に遡ります。農業従事者が組合員として農協に加入していることから特に地方で伸びをみせました。そのような状況を受け、１

970年代になると全葬連は、農協の組合員以外の利用について農林省（当時）と質疑応答をしています。農林省側は「都道府県の判断に任せている」との回答で、全葬連側では、組合員以外の利用についての危機感を抱いていました。農協葬は農協が出資する形で事業が起こされていることや独自の営業のネットワークがあるということなどもあり、中小企業の多い葬儀業界、とりわけ、地方では危機感を抱かざるをえなかったといえます。現在も農協葬は、一定割合の葬儀市場を占有しています。また、かつては生活協同組合が提供する生協葬についても問題視するということもありました。

三越日本橋本店の「葬祭承り所」への抗議活動

1976（昭和51）年、三越が日本橋本店に「葬祭承り所」を開設しました。買い物をしたり、食事をしたり、人びとが楽しいひとときを過ごす百貨店という場において、「死」や「不幸」を扱う葬儀の相談をするところができたのです。全葬連は、これを他業界からの進出と受け止め、抗議活動を展開しました。

この件については、同年に開催された第77回衆議院商工委員会でも取り上げられています。通産省の天谷直弘審議官（当時）は、三越側の言い分について、「消費者といいますか、亡くなった場合にその喪主の方は葬儀屋さんとはふだんつき合いがないものですから、その際は非常にあわててしまってどうしていいかよくわからない、そういう場合に三越等でそういうなれない仕事を取りまとめてもらって、信用の置ける葬祭業者に取り次いでもらえるというようなサービスをしてくれれば都合がいいというような顧客の声もあったので、そういう仕事を始めた」と説明していました。さらに天谷審議官は、三越が侵害しないような指導をするという答弁を行いました。最終的に三越の葬祭承り所については、日本橋本店以外の支店では開設しないことで決着しました。

翌年の第80回衆議院商工委員会においても、大企業の他分野への進出について、議題として上がりました。前年に続いて、三越の葬祭業界への進出も話題にのぼっています。家族経営で中小企業の多い葬儀業界において、大企業の進出は死活問題でした。当然ながら、全葬連は反対運動を継続させます。この一件は、１９７７（昭和52）年「中小企業の事業活動の機会の確保のための大企業者の事業活動の調整に関する法律」（いわゆる、分野法）の成立と関連するケースとして取り上げられることになりました。

これら一連の動きは全葬連や葬儀社にとっては重大な危機的な事態であったのですが、三越による葬儀業界への進出は、「顧客の声」ないしは、「消費者の声」に応える形で葬祭の取り次ぎを百貨店側が商品のように陳列するということと同じであり、その現実を示したわけです。このときから全葬連は、二つの方向性を打ち出していくことになります。一つは、三越の進出をきっかけに、大企業やアウトサイダーと呼ばれる農協や冠婚葬祭互助会などの他業種からの進出阻止に動く「闘う全葬連」になるということでした。もう一つは、「消費者のニーズをキャッチし、サービスに力を入れる」という方向性です。

三越以外でも、1983（昭和58）年に長崎屋町田店が「葬祭相談」を開設しましたが、こちらはすでに閉鎖しています。近年では、イオンやインターネットサイトなどへの対応が急務となり、さらに葬儀紹介業務を行っているファミリーマートやイオンリテールに対しては要望書を送っています。その要望書には「お葬式は日本全国、それぞれの地域で古くから続く慣習やしきたり、その地域で受け継がれてきた伝統・文化等格式のある儀式であり、しかも社会的にも公共性・公益性が高い業種です。また、社会的に必要不可欠なもので、命の大切さや尊厳を実感する意味合いから現代の社会教育、家庭教育の一端を担っており、人が奉仕することではじめて「葬祭サービス」は成り立ちます」と書かれており、新規参入業者への違和感については、「従って、貴社の店舗の端末機或いはネットショッピングを利用しての葬儀発注は極めて現実離れしたものであり、葬祭業界全体を混乱させる以外の何物でもありません」と書かれています。つまり、葬儀は地域に根ざした文化であること、儀礼に関するサービスは対面によるコミュニケーションによって成立すると指摘されています。

とはいえ、実際、インターネットの普及と相まって葬儀紹介業や新規参入は増えているのが実情です。全葬連は、2016年に所属員の集まる大会の場で「近年、実態がない葬儀紹介事業者が台頭し、消費者が葬儀を依頼した窓口と実際の施行業者が異なることがあり、しばしばトラブルに発展している。消費者保護の観点からも行政等が葬儀を施行した業者を把握することが重要であると考える」と述べています。

2023年1月に発行された「ニッポン消費者新聞」（日本消費者新聞社）には、葬儀紹介サイトについての記事が掲載されています。そもそも消費者庁がデジタル広告の不当表示などに適切に対処するための監視強化を打ち出しているわけですが、葬儀業界においてもデジタル広告の問題が噴出していることを記事では伝えています。特に「問題業者の中には自社サイトで「NHKなどメディアで頻繁に紹介されている」と謳い、信頼されていることを強調している例もある。景品表示法の有利誤認表示により行政処分や課徴金納付命令を受けたことがある事業者だが、非現実的な低価格を表示しての勧誘手口はかつてと同様だ」という、いわゆる広告の不当表示についての例も報告されています。全葬連は、こうした事業者に消費者がだまされないようにすべく「葬祭サービスガイドライン」の普及を目指していることを記事では伝えています。

この「葬祭サービスガイドライン」は、「顧客情報の守秘義務、説明責任、料金体系の明確化、見積書交付の義務等について謳った葬祭事業者向けのガイドライン」とされています。ガイドラインで消費者向けに「見積書」や「領収書」を発行することなどを約束し、それを遵守している事業者は「葬祭サービスガイドライン遵守事業所」のマークを事業所内に掲げています。

インターネットを介した葬儀商品購入や紹介事業は、葬儀業界を変えつつあります。日用品などをネットショッピングで購入するかのように葬儀商品を購入することは、「伝統」や「文化」とかけ離れたところにあるかのように考えられてしまうでしょう。しかし、ネットショッピングのサイトで棺などが販売されていることもあることから鑑みれば、一定の需要があることがわかります。私の知人は興味本位で葬儀商品をAmazonなどで検索してみたところ、棺が売られていたと話していました。

そして追加費用を支払わずに、安い葬儀を謳うネット上の情報は消費者にとっては魅力的であることは事実です。ただ、葬儀を行った後、追加費用が発生するなどでトラブルになる場合があります。葬儀費用にはいわゆる参列者数によって変動する「変動費」(派遣社員など一時雇用の人件費、通夜振る舞いなどの料理、香典返し、会葬礼状など)がある

葬儀社の事業所内などに掲げられているポスター

ので、いくら安い葬儀を謳っていたとしても、これらの金額を事前に説明していないケースもあるのです。ですから、「リーズナブル」にという点ばかり宣伝しているものには注意が必要です。そういう点においては創業年が古い葬儀社は安心感があります。代々事業が継続しているということは、それだけ地域に根づき、住民からの信頼が篤く、依頼数も安定的です。葬儀社を選ぶときには、ホームページで創業年を手がかりにするのも一つの方法でしょう。

なかなか浸透しない生前葬

2020（令和2）年3月にBS12トゥエルビで『生前葬TV　又吉直樹の生前葬のすゝめ』という番組が放送されました。ゲストを招いて実際にその人の生前葬を行うというバラエティ番組で、第10回衛星放送協会オリジナル番組アワードの番組部門〈バラエティ〉において最優秀賞を受賞したというのでなかなかの評判を呼んだ番組のようです。ただ、「番組名に冠されるほど生前葬はポピュラーな葬儀となったのか」という疑問を抱いた方もいるでしょう。古いところでは、1993

（平成5）年にプロデューサー、タレントでもあった水の江瀧子が自身の生前葬を開いて話題となりました。生前葬は、存命のうちに親しい人や関係者などを集め、お別れをしたり、本人がその場にいる形で人生を振り返ったり感謝を伝えたりする葬儀のことです。社会的にリタイアをするなど何らかの区切りをつけたい場合に行われることがあるかもしれませんが、実際にやってみようという人は少ないというのが現状です。高齢になってきて親しい人と会っておきたい、あるいはそういう場を設けたいということはあるでしょう。言葉として認知されてはいるものの、本人が亡くなっている設定でわざわざ会う必要がないこと、葬儀社に頼んで生前葬をするとなるとそれなりの出費も伴うため、市民レベルでは定着したといえないでしょう。

確実に広まる生前予約

生前葬と一緒によく語られる言葉に「生前予約」というものがあります。1997（平成9）年11月、『生前予約～現代葬儀事情～』というドラマがNHKで放送されました。「葬儀の生前予約」を請け負う会社の営業マンが主人公で、風変わりな葬儀を予約して亡くなった老人の葬儀を実行しようとしたことから、それに困惑する遺族たちが織り成す悲喜こもごもの様子を描いたものでした。生前予約という言葉が知られるようになってきた当時の状況からみれば、タイムリーなドラマでもありました。

この生前予約というのは、基本的に死後のこと（葬儀など）を事業者と事前に相談し、準備をしておくことです。端的にまとめるならば、「実際に生きているうちに行うのが生前葬」で、「生きているうちに死後の葬儀を決めておくのが生前予約」です。ただし、事前に相談しても契約し履行するまでに至らないものが生前予約という言葉に含まれていることがあります。書面などで契約し、履行することが約束される場合は、「生前（事前）契約」となり、葬儀だけではなく、さまざまな死後事務（場合によっては介護なども）を託すことを含めた契約もあります。生前予約、生前契約に共通するのは、「死後のことは生きているうちに考える」という認識で、生前予約は履行までを書面などで約束していないという点で契約と異なります。

冠婚葬祭互助会では、加入すること自体が契約とみなされます。また基本的に積み立て金は葬儀料金の前受金としています。希望すればいつでも解約することができますが、入会金が戻らなかったり、積立金が全額返済されるとは限らなかったりする場合があります。

葬儀社の場合は、生前予約と謳っているものでは「ｉｆ共済会」というシステムがあります。入会金を支払えば誰でも入会できること、解約が自由であることは先ほどの冠婚葬祭互助会と同様です。葬儀だけではなく健康相談や介護の相談もできます。ただし、すべての葬儀社で取り扱いがあるわけではありません。なお、これ以降は、生前契約の概念に生前予約を含めて話を進めていきます。

日本の生前契約で代表的なものとして、ＮＰＯ法人「Ｌｉｓｓ（りす）システム」

（Living・Support・Service・システム）があります。1993（平成5）年に誕生し、日本で最初の生前契約であるとされており、ちなみにアメリカでの葬儀の生前契約は1940年代からです。北川慶子氏の『高齢期最後の生活課題と葬送の生前契約』（九州大学出版会）によると、1940年代から葬儀のパッケージ予約、1950年代になると「葬儀の生前販売」を行うようになったとのことです。

「Liss（りす）システム」は、中筋由紀子氏『死の文化の比較社会学――「わたしの死」の成立』（梓出版社）や星野哲『終活難民――あなたは誰に送ってもらえますか』（平凡社新書）でも紹介されているNPO法人「もやいの会」を母体にして発足した団体です。生前、たとえば賃貸住宅などの入居の際の身元引受保証、生活療養支援、入院保証など、生前事務や任意後見事務などから死後事務までをすべて有償で引き受けています。死後事務では、葬儀はもちろん、健康保険・年金などの手続き、2LDK住宅の片づけ・不用品処分が標準的な契約となっています。

「Ｌｉｓｓ（りす）システム」のようなＮＰＯ法人だけでなく、葬儀社への葬儀に関する事前相談も増加傾向にあります。しかし、事前相談を受けた人すべてが契約をするまでには至っておらず、葬儀社によってまちまちという状況です。相談をしに来る人の多くはできるだけ安い葬儀を生前に予約したいと思っているはずで、実際の葬儀費用の内容を十分に把握することをせずに、自分の葬儀を決めるのは難しいでしょう。また、地域によっても金額はさまざまです。葬儀費用の全国平均は１１１万９０００円となっており、これには病院からの搬送、安置、飾り付け、会場祭壇設営、会葬御礼、霊柩車、ハイヤー、火葬費用、斎場使用料が含まれています。生前に契約できることは、これらのうちでも事前に金額が確定している、あるいは確定しやすい諸費用でとなります。なおこれらの費用には、会葬者の飲食接待費や僧侶へのお布施（お経料、戒名料）などは含まれていません。葬儀で僧侶を呼ぶ際、葬儀社が仲介することがあり、そのためか葬儀社がお布施も受け取っているのではないか、と時々、誤解されることがあります。しかし、お布施を葬儀社がもらっているわけではありません。その証拠に２０２０年以降、葬儀費用と飲食接待費は下がっているのですが、お布施については、金額が上がっています。一方、葬儀の諸費用は新型コロナなどで規模が小さくなれば、それに伴って金額は下がります。葬儀規模が小さくても僧侶を呼べば、それなりにお布施として支払うお金はかかりますし、葬儀社側が額を決めるのではなく遺族と僧侶の間でお布施の額を決めてもらうのが一般的なので、変動するわけです。

葬儀の費用調査からみえてくること

葬儀の準備・予約をする際、お布施や飲食費用以外で自分自身の葬儀でどのくらいの費用をかけたいかをあらかじめ決めておく必要があるでしょう。ただ、自分の考える葬儀費用が他人と比較してどうなのかも気になるところです。そこで、自分の葬儀にどのくらいかけたいと人々が思っているかを著者らは２０１７年に調査したことがありますので、その内容を少し紹介しておきたいと思います。

調査では50代以上の男女１０１６人に対し、終活についてさまざまな意見などを求めました。そのなかで、「自分自身の希望する葬儀費用」について回答を求めたところ、最も多かったのは「50万円未満」、次いで、「50万～１００万円程度」でした。また、「自分の希望する葬儀の形式」について尋ねる質問に対しては、「家族や親しい身内だけで行う家族葬」が45・１％、「家族や親族の判断に任せたい」が18・７％、「直葬」が17・８％という結果になりました。これらの回答を性別との関連性でみたところ、「家族葬」や「直葬」は、女性のほうが多く希望していました。一方、男性は、自分自身の葬儀であっても、「家族や親族の判断に任せたい」が多いという結果になりました。日本国内の平均寿命は、男性は81・05年、女性は87・09年であり（２０２２年の簡易生命表による）、依然として女性のほうが長生きする傾向にあります。そうしたことを踏まえて男性は自身が妻やパートナーよりも先に亡くなると考え、葬儀に関しては遺族となる配偶者や子どもらに任せたいと思っている人が多く、女性は夫に比べて自分のほうが後に亡くなるだろうと考えて、「直葬」を選んだという背景が考えられます。世代別で見てみると、「家族葬」希望者は70代が多いこともわかりました。ちなみにこの調査では、「生前葬」についても聞いていますが、生前葬を希望したのは、わずか5人でした。

さらに、「自分の葬儀について準備をしているか」を尋ねた項目では、「葬儀資金を準備している」、「葬儀社と事前契約している」、「冠婚葬祭互助会に加入している」、「葬儀はしないと決めている」、「まだ何もしていない」、「その他」の回答から選んでもらいました（複数回答可）。その結果、「まだ何もしていない」が圧倒的に多く、62・5％でした。その次が「葬儀資金を準備している」の16・1％、「葬儀はしないと決めている」の10・4％という結果でした。つまり、葬儀を準備しているといっても資金ぐらいは何とか確保しているという結果でした。また、気になるのが「葬儀はしないと決めている」という人が一定数存在するということでした。「葬儀はしないと決めている」と回答した人の性別をクロス集計し、検定を行ったところ、「葬儀はしないと決めている」のは、女性に多いことがわかりました。

この結果から考えられることは、女性のほうが社会的に葬儀を執り行うべきという規範にとらわれにくいこと、また葬儀を多額の出費と捉え、それを抑えるため「葬儀はしないと決めている」ことが考えられます。ただ、実際の自分自身の葬儀を考えるにあたっては、性別や年齢以外の要因、つまり費用を考慮しなければならないので、「経済状況」が圧倒的な割合で関係してくるのではないかと考えられます。

生計のゆとりと希望する葬儀の関係

その「経済状況」がどのくらい葬儀形式の選択を左右するのかという調査を実施したことがあります。「生計のゆとりがない」と感じている人たちは、「生計のゆとりがある」と感じている人たちに比べ「一般葬」を希望する割合が低く、「直葬」を希望する割合が高い結果となりました。これは調査前からある程度想像していた結果でした。また、「家族葬」は「生計のゆとりがある」と感じている人たちに希望する割合が高いこともわかりました。ただし、葬儀費用に対する希望としては、１００万円程度を下回る額を希望する人が半数以上いました。全体的に低価格帯の

生計のゆとり×自分の葬儀の希望

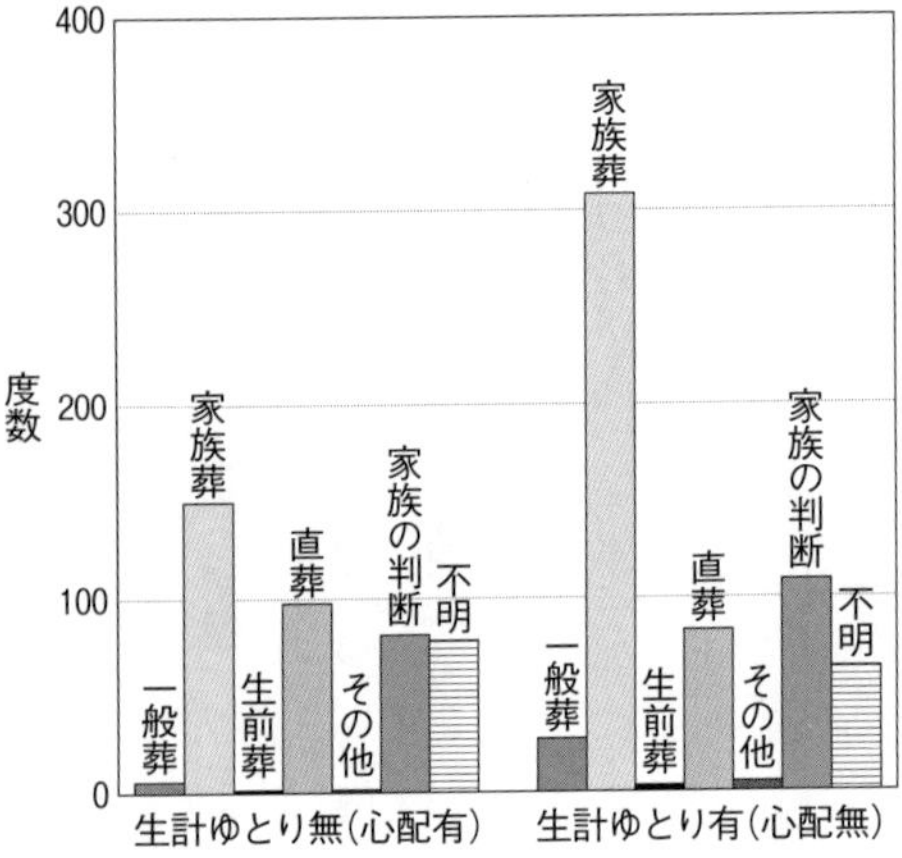

玉川貴子・上山仁恵2019「終活の金融リテラシーに関する調査」「Discussion Paper」128号、2019（名古屋学院大学総合研究所）より

希望が多いことになります。

このことから二つの解釈が可能です。一つ目は、生計のゆとりがある人たちにとって「家族葬」は、「一般葬」より〝安い葬儀〟と認識しているから希望しているだけではなく、〝家族や親族に見送られる葬儀〟であることも重視しているのではないか、ということです。もし、生計にゆとりがあっても安い葬儀を希望しているならば、「直葬」がよいと思うか、あるいは「葬儀をしない」と希望するでしょう。また、葬儀資金の準備をしている人としていない人の平均貯蓄額に差があるかどうかを調べたところ、葬儀資金を準備している人はそう

でない人に比べて平均貯蓄額が高い結果となりました。つまり、平均貯蓄額が高い、あるいは生計にゆとりを感じる人は葬儀の執行そのものを否定しているわけではないことがわかります。

もう一つの解釈は、「生計のゆとりがない」と感じる人は葬儀費用の問題だけでなく、誰かに見送られることが望めない可能性があるということです。同居者の有無でみると、同居者がいない人は、同居者がいる人に比べて「直葬」を希望する傾向があり、同居者がいる人は「家族葬」を希望する傾向がありました。同居者がいない人で「一般葬」を希望する人はゼロでした。つまり、同居者がいない場合、そもそも自分の葬儀を出すことについての希望を持ちにくく、同居者がいる人は、葬儀に関する希望を持つ場合、やはり「家族葬」を希望することがわかります。

これらの調査結果からわかることは、性別、生計のゆとり、同居者の有無で葬儀に対する考え方が異なること、特に女性のほうが葬儀にお金をかけたくない傾向にあるということです。男女では死亡年齢が異なるため、配偶者と死別した後、残された女性のほうがより経済的にも苦しくなりやすいと考えているのでしょう。夫が死亡した後の女性は子どもや自分のきょうだいなどとの同居がないかぎり、ひとりになりやすいわけです。「葬儀をしないと決めている」人が女性に多いのは、頼れる人がいないこともあるのかもしれません。

単身者の葬儀

では、同居者がいない、あるいは身寄りのない単身者が生前契約をせず、またお墓なども購入しないとどうなるのでしょうか。このことを憂慮する記事は、これまでも度々ありましたが、2023年の3月19日の「日本経済新聞」にも取り上げられていました。いわゆる「無縁遺骨」で、2021年度に行政が家族らの代わりに葬祭費を負担した例は、全国で4・8万件の過去最多となったそうです。またその記事では「葬式税」を徴収し、埋葬や葬儀費用にあてているスウェーデンのことにも触れています。世界的に身寄りのない単身者が増えるなかで、葬儀、遺体の搬送、火葬、納骨までを家族以外に依頼する制度の整備が急務問となっています。

日本ではスウェーデンのような「葬式税」はありません。単身者が葬儀を行ってほしいと考えた場合、「Ｌ・ｉｓｓ（りす）システム」のようなＮＰＯや民間の事業者などが単身者向けサービスを提供する機関を利用することになります。ほかにも、身のまわりの死後事務委任（財産管理や葬儀手配など）を家族に代わってサポートする「おひとりさま信託」（三井住友信託銀行）や「おひとりさまライフサービス」（三菱ＵＦＪ信託銀行）を銀行で取り扱っています。三井住友信託銀行の場合、金銭信託型と生命保険型があり、前者は最低３００万円を一括で払う必要があります。後者は三井住友信託銀行の生命保険契約を活用するタイプで前者よりも比較的安い料金で信託できるものです。日本生命保険など生命保険会社でも身元保証、生活支援、任意後見から葬儀・納骨までのサービスを提供するプランを実施しています。

また、自治体や社会福祉協議会でも単身者向けのサービスを展開する動きが出てきています。神奈川県横須賀市では「エンディングプラン・サポート事業」を2015（平成27）年から開始しており、葬儀社と連携して本人に万一のことがあった場合、死亡届や葬儀、納骨などを行えるようになっています。このエンディングプラン・サポート事業を利用するには、ひとり暮らしで頼れる身内がいないことや収入などの制限があります。ただ、終活について登録する「わたしの終活登録」事業も2018（平成30）年から始めており、市民であれば誰でも登録できるようになっています。登録される項目は、本人の氏名、本籍、住所、生年月日、緊急連絡先、支援事業所や終活サークルなどの地域コミュニティ、かかりつけ医師やアレルギーなど、血液型、リビングウィルの保管場所・預け先、エンディングノートの保管場所・預け先、臓器提供意思、葬儀や遺品整理の生前契約先、遺言書の保管場所と、その場所を開示する対象者の指定、墓の所在地、本人の自由登録事項などです。たとえば、本人が倒れて病院から照会・確認したくてもできない場合、横須賀市が本人に代わってこれらの情報を伝えるという内容になっています。

横須賀市以外の全国の市区町村でも、終活事業を始めるところが増えています。また、成年後見を引き受けている社会福祉協議会では横須賀市のようなエンディングプラン・サポートを発足させています。たとえば、名古屋市でも社会福祉協議会が生前の安否確認、葬儀・納骨の実施などを手がけています。ひとり暮らしで頼れる親族がいないなどの条件もありますが、登録者にとっては安心できる仕組みといえます。ただ、これらは自主財源でやっていることが多いのが現状です。なかには登録者の預託金（契約時に支払うお金）も比較的おさえられていることもあるため、今後、登録者が殺到した場合、制度をどう継続していくかなどの課題はあります。

主に独居者や収入の低い人たち向けに生前から死の前後のサービスを自治体や社会福祉協議会、ＮＰＯなど事業者らに任せられるようになってきた一方で、制度の持続性の問題や契約を結ぶこともできず、かつ家族や親族に死後のことを託せない人が一定数いるとなれば、それらの解決策として、日本版「葬式税」の導入も遠い未来のことではないのかもしれません。

東京都の区民葬儀と市民葬儀

各市町村の自治体によっては、住民の方に対して提供している、「区民葬儀」や「市民葬儀」と呼ばれる公共性と福祉性が強い葬儀があります。東京都では区役所や市役所のホームページで葬儀価格も公開されており、区や市が指定した事業者一覧が掲載されています。東京都以外の道府県でも市役所のホームページで「規格葬儀」として葬儀内容や「指定事業者一覧」が公開されていれば、そこは市民葬を扱っていることになります（逆に市役所のホームページで指定業者になっていない葬儀社が謳う「規格葬儀」には注意が必要です）。たとえば、神戸市や大阪市でも実施されています。市民向けの行政サービス情報として、比較的安価にできる葬儀の情報が提供されています。

区民葬・市民葬は、区民・市民であれば誰でも利用できること、安価である以外にも地域に古くから開業している事業者が担う場合が多いことからその地域をよく知っていること、追加料金が取られる心配がないことなどがメリットして挙げられます。デメリットしては、区民・市民以外は利用できないこと、ドライアイス代、遺影写真代、葬儀会館を使用した場合の金額、飲食費などが含まれていない（必要な場合、別途依頼しなければならない）こと、多様な選択肢がないことなどが挙げられます。なお、僧侶の読経料も含まれていません。宗教者を呼びたい、あるいは大勢の人が自宅に集まることが想定される場合などは、事前に相談したほうがよいでしょう。逆に自宅で家族だけで静かに送りたい人にとって、区民葬・市民葬はよいかもしれません。以前、この区民葬を利用して自宅で葬儀を行ったことのある人に聞いたところ、価格が明示されていたので不安なく葬儀ができたとの感想を持っていました。同時に、「（この制度を）知らない人が多いので、高い葬儀になる」という感想でした。

利用する手順としては、まず、区民・市民葬儀取り扱いの指定業者に死亡診断書を持っていき、区民・市民葬儀利用の依頼をします。その後、区や市に死亡届を提出し、埋火葬許可証とともに葬儀券を交付してもらいます。重要なのは、区や市の指定業者に区民葬・市民葬の依頼をすること、区や市から葬儀券を交付してもらうことです。この葬儀券は、祭壇券、霊柩車券、火葬券とセットになっており、祭壇、棺、霊柩車、火葬費用、骨壺をそれぞれ組み合わせて使えるよう選択肢が用意されています。組み合わせは自由ですが、すべて金額が決まっています。たとえば、祭壇券では、祭壇が棺とセットになっている金額が4種類で、祭壇の数が2から5段まであり、その段数と棺のランク（2種類）によって金額が異なります。最も高いものですと、31万2180円で、最も安いものでは10万1000円となっています。祭壇を利用せず、棺のみでの利用も可能なので、仏教以外の宗教や無宗教で葬儀を行う場合でも心配はいりません。

東京都の区民葬・市民葬の歴史は、1949（昭和24）年に始まります。全葬連の前身の一つでもある東京葬祭業協同組合連合会（当時）が、戦後、困窮する都民の生活費低減、葬儀の簡素化の一環として行政に協力したことに始まります。以来、

70年以上続いてきた制度です。葬儀業は、行政に協力をしている面もあり、市場における葬儀サービスの開発と「誰もが等しく弔われる」という公共的・福祉的な事業という面のバランスをとることが必要なのでしょう。

英国のエリザベス女王の国葬

単身者の増加などの社会的な変化、また、人に迷惑をかけたくないということから葬儀の簡素化が進み、もはや主流になりつつありますが、依然としてコストや手間をかけた葬儀も執り行われています。

２０２２年9月8日、イギリス王室のエリザベス女王が96歳で亡くなりました。70年という英国史において最も長い在位にあった女王は国民から愛される存在でした。その女王の国葬が同年9月19日（現地時間）にロンドンのウェストミンスター寺院で営まれ、その様子はイギリスの公共放送ＢＢＣなどによって放送され、日本でもＮＨＫが生放送を実施しました。葬儀はチャールズ国王をはじめとしたイギリス王室の関係者や政府関係者、歴代首相経験者、世界各国の王族や首相、大統領など多数の著名人らが出席しました。とりわけ、女王の棺を乗せた車（霊柩車）が非常に印象的でした。後部の窓が広く取られ、屋根がガラス張りで、オーク製の棺全体がよく見えるような作りになっていたのです。また、女王の棺は葬儀が執り行われる前まで一般市民に公開され、ロイターなどの報道によると、その数は推定で約25万人に上り、弔問を待つ行列は一時、数キロにおよんだとのことです。エリザベス女王の葬儀は英国国教会による厳粛な宗教的儀礼として執り行われましたが、列席者の顔ぶれやそれまでの準備などを考えると、この国葬がいかに国の威信のかかった重大なイベントなのかがわかります。

現在の日本では市民の葬儀は簡素化、簡略化に向かっていますが、政治家や芸能人など著名人の葬儀やお別れ会は、やはり目を見張るような豪華で立派な葬儀が依然として多いように思われます。著名人の場合、密葬と呼ばれる家族らだけの葬儀と火葬を済ませ、その後、生前お世話になった人など多くの人を呼ぶ本葬、もしくはお別れ会という形式で行われることが多いです。

日本独自の「社葬」

　ところで、日本には、社葬という会社のトップを弔う独特の文化があります。中牧弘允、日置弘一郎編『社葬の経営人類学』（東方出版）によれば、社葬は、会社の名前を冠して会社が中心となって費用を負担して日程や会場の決定、関係各所への連絡など実務などを担う葬儀やお別れ会のことを指しています。社葬のライトモチーフは顕彰と告別といわれ、会社同士の互酬的な付き合いのなかで会社の威信をかけて行っているようです。顕彰と告別としての社葬では、仏式だけでなく無宗教形式で行われることもあります。たとえば、ホテルなどで行われる場合、献花のみの無宗教形式が多く、祭壇の設置、花の調達や会場の手配、飲食などのサービスは、葬儀社やホテルなどでも担います。ただ、会社によっては、社独自のこだわりが感じられるような社葬にする場合もあります。

　1990（平成2）年12月に葬儀や葬式をテーマにした専門誌『SOGI』（表現

文化社、現在は休刊）が創刊されました。同誌には社葬や著名人の葬儀が掲載されていました。たとえば、2004年7月5日に亡くなったサントリー相談役の鳥井信一郎氏の場合、大阪のリーガロイヤルホテルで行われたお別れ会の様子について報告されています。サントリーのデザイン部がデザインした生花の祭壇が飾られ、鳥井氏が生前に受けた数々の勲章や勲記とともにサントリーの飲料商品も並べられていました。鳥井氏がサントリーの社長をしていた1995（平成7）年に開発された「ムーンダスト」という青系のカーネーションが祭壇の花の一部として、また参加者の献花としても使われていました。さらに鳥井氏が社長に就任した際に蒸留されたウイスキーが参列者に配られ、まさしく故人の功績を祭壇において表現したものだといえます。そのほか、参列者による献花の間には、大阪フィルハーモニーによる演奏が行われ、生前の鳥井氏の趣味なども伝わるものでした。企画運営はサントリー大阪総務部、大阪秘書部の事務局が中心となって行っており、お別れ会形式の社葬だといえます。

また、専門誌『ＳＯＧＩ』には社葬だけではなく著名人の葬儀も掲載されていたので紹介しておきましょう。２００４年（平成16）年、『雁の寺』などの多くの作品を残した直木賞作家の水上勉氏のお別れの会が、東京の丸の内にある東京會舘で開かれました。お別れ会の実行委員長は水上氏と生前から親交のあった作家の黒井千次氏でした。水上氏の場合、写真とコスモスで彩られた祭壇が設置され、焼香や献花といった儀式はなく、参加者それぞれが祭壇に進み、思い思いの形でお参りをするスタイルでした。また、祭壇の中央には水上氏お手製の骨壺があったそうです。黒井氏は「水上さんについて我々が抱いている想いはさまざまだが、そのどれもが、水上さんのほんの一部でしかない。その一部しかないものが集まって語り合い、交歓することによって、我々の想いを広げることができれば、それが水上さんに対する我々のお別れの気持ちの表れになるのではないか」と挨拶して故人を偲びました。

新型コロナは一般的な葬儀やお別れ会に影響をおよぼすだけではなく、著名人らの葬儀やお別れ会も中止もしくは延期、縮小を余儀なくされるケースが多々生じました。群馬県高崎市の高崎商工会議所会頭を務め、食品の流通企業エバーグリーンの会長であった原浩一郎氏のお別れ会について月刊誌『Funeral Business（フューネラルビジネス）』（総合ユニコム）で報告されています。お別れ会は、県内外から多数の会葬者が見込まれることから、ビエント高崎のイベントホールで行われ、「シンプルかつ荘厳で華美でない会場づくり」という要望で菊の生花祭壇による無宗教献花方式が採用されました。ただ、従来行われていた経営者のお別れ会と違って「コロナ禍での開催のため徹底したコロナ感染対策」を講じなくてはならず、全身を消毒することができるトンネル型除菌・消臭装置を設置したとのことでした。特に大きな混乱もなく会は終わり、福田康夫元首相ら約1000人が出席したそうです。

社葬や著名人などの葬儀やお別れ会からは、葬儀の形式、祭壇など、生前の功績や職業などを反映した特徴や個性が伝わってくるものが多いということがわかります。またすでに火葬を終えた状態で大勢の人が集まるという理由から、儀式も通常の仏式というよりお別れ会で行われる場合もあります。祭壇や遺影が飾られているところに会葬者が近寄りやすいような配慮もなされています。会場もバラエティに富んでいます。多くの人が訪れるため、規模の大きな会場で行われますが、無宗教形式で行われる場合、宗教施設が使えないことも影響しているでしょう。

社葬のように会社側が費用を負担する場合、単なる一個人を弔うというよりも、社会的地位やそれらを象徴する会社のブランド力などが維持されていくことを印象づけるという目的もあるでしょう。社内での重要な人物が亡くなったとしても会社は存続し続けていくことを対外的に示し、参列する取引先との変わらぬ付き合いが葬儀において確認されているのです。

葬儀の経済的な問題に目を向けられるような社会において、儀礼を考えるには葬儀が商売になっていることを語るだけでは不十分だと思っています。葬儀には公共的・福祉的な面があると書きましたが、たとえ職業的には引退していると思われていても、それまで「社会に貢献してきた人が亡くなった」と考えれば、有名、無名問わず、国や社会のなかで葬られると考えるのは自然ではないでしょうか。しかし、その死は、社葬や大規模葬のように顕彰される、あるいは誇示的に行われるものでもあります。

ただ、社葬のような大勢の人が参列する葬儀から親しい人だけで見送られる葬儀まで、その本質は社会（企業や国家、家族など）からの感謝やさまざまな感情・想いを形にして、お別れをする（ひょっとしたらまた来世で会えるかも、などの期待も含め）ことなのだとすれば、どんな葬儀の形式であってもよいのではないでしょうか。贅沢であろうが、簡素であろうが、見送る人たち、または社会が「ちゃんと誰かの死を見送ることができた」と思い、そこでの関係や社会的な紐帯が続く、と思えるような儀礼にこそ、その本来の意義があるように思います。

儀礼の要不要という極端な立場からの議論は、儀礼が生前からの社会的なつながりに基づいて行われることを無視していることによって生じていると思われます。つまり、こういった議論は、経済的な合理化や効率性重視の考え方をする社会になっていくと必ず起きやすいともいえます。儀礼は要不要というよりも、その時代の社会、経済状態に合わせて「改変可能なものだ」と考えれば、むしろ儀礼が持つ意味を最大限に生かせるのではないでしょうか。

事例　日本の葬儀の現場から

葬儀は昔から行われてきた儀式であり、さらには宗教的な意味もあって「風習」や「伝統」などの枠にはめて考えられがちです。もちろん、そうした昔から大事にされてきたことを継承し、次世代に伝えることも大事ですが、「風習」や「伝統」を守るためだけに葬儀が行われているのではありません。

たとえば、家族だけで故人を送りたいという要望のもとに「家族葬」という言葉が普及するようになってきましたが、これは本葬前に家族だけで行ってきた「密葬」のかわりではないか、という意見もあると思います。しかし、家族葬は、密葬を「伝統」として継承して始められた葬儀なのかといえば、そうとはいえません。なぜなら本葬がない状態だからです。このように葬儀は一つの慣習として行われてきたわけではなく、社会のあり方とともに、そのかたちが変わっていくものだと思っています。そこで、葬儀のような儀礼は「改変可能」だという点に着目して本章では3つの事例を紹介していきたいと思います。この「改変可能」という意識は葬儀社側にもあると言ってもよいでしょう。実際、現在、葬儀社で提供されているサービスなどはそうした「改変」を経て生まれたものであるからです。

まず、葬儀に関する「生前予約」を支えているｉｆ（イフ）共済会や事前相談などについて現在の状況を紹介していきます。ｉｆ共済会は、葬儀だけでなく生活全般にかかわるサービスです。また、111ページでも触れましたが、全葬連では事前相談員という新たな資格制度を2012年に発足させました。この資格制度は、「事前」という言葉からもわかるように、生前から葬儀社で相談する人々が増えてきたことを背景に発足しています。ただ、以前からあった葬祭ディレクター制度に比べて一般的にはほとんど知られていない業界内資格です。これら二つについて知ることで、葬儀自体も変わっていくこと、さらに葬儀業界が死後のみにかかわる事業ではなく「ライフエンド期」にかかわる事業、つまり人々の生前から死後までサービスを提供し続ける業界へと変貌を遂げつつある様子について紹介していきたいと思います。

そして静岡県湖西《こさい》市での取り組みを紹介したいと思います。地方経済の衰退が叫ばれて久しく、地域一丸で活性化を図る活動が全国各地で行われています。この湖西市もそうした地方の一事例ですが、興味深いのは、「葬儀業」に着目したということです。湖西市では地域の商店が協力して1997年に葬祭協同組合を設立しました。地域の商店や事業所が運営し、きめ細かなサービスの提供を行っています。現在は湖西市および近隣地域を対応エリアとし、累計3500件以上の葬儀施行実績があり、こうした取り組みは高齢化が進む他地域や自治体でも何らかの参考になるのではないかと考えています。

ところで、多くの葬儀は仏式で行われています。そうした背景から、仏式葬儀であることを前提にして説明してきましたが、日本人にとって結婚式などで馴染みがあるのは、キリスト教だと思います。しかし、葬儀の場面ではどうでしょうか。キリスト教の葬儀については、亡くなった当事者が信徒で、かつ故人と親密だった人ではないかぎり、出席する機会はあまりないと思います。また、キリスト教の葬儀と仏式の葬儀とは、一見、接点などなさそうに思われますが、実のところはどうなのでしょうか。儀礼自体が厳格に行われるようにみえるキリスト教の葬儀において、果たして儀礼の要不要など議論が起きうるかどうかを事例から考えてみましょう。

なお、キリスト教の葬儀の事例では、キリスト教の三大宗派のひとつであるプロテスタント教会の葬儀について紹介しますが、すべてのキリスト教の葬儀を包括するような事例として紹介するというよりも、日本でのプロテスタントの一事例として、日本の社会に影響を受けつつ発展してきたことを含めて紹介していきます。

【事例1】死のコンシェルジュ――「.if共済会」と「事前相談員資格制度」

「もしも」に備えた生前予約「.if共済会」

皆さんは、「.if共済会」という言葉を聞いたことがありますか。本書を手にするまで、ほとんどの方はこの言葉を耳にされたことがないのではないかと思います。本書の151ページでもすでに触れた「.if共済会」ですが、もともとはソニー生命保険会社と提携して作られた葬儀の「生前予約」のことです。日本では、1990年代から高齢社会の進展や価値観の変化などとともに、葬儀や墓などを自分で決めておこうとする風潮が起きつつあり、「生前予約」がメディアなどでも取り上げられるようになってきていました。そうした流れを受けて1995年、「.if共済会」が発足しました。.ifは「もしも」という意味と、その「もしも」に直面する遺族の負担を軽減がその目的です。

「ｉｆ共済会」の仕組みのベースになっている「生前予約」は、その言葉から「生前契約」と同じなのかと思われがちですが、厳密にいえば異なるものです。『新・お葬式の作法』（平凡社新書）を書いた碑文谷創氏によると、「「生前契約」の主な要点は、「内容」「料金」「支払い方法」の三つ」であるとし、事業者と契約書をかわし、決まった料金を先払いか後払い（死後に払うよう手続きする）か、までを契約することを指しています。ただ、碑文谷氏も指摘しているように、「生前契約」の場合、契約した事業者によって葬儀が確実に履行されるかどうか、あるいは契約に必要な資金をきちんと管理してくれるかどうかを見極めなければなりません。この点では、解約が自由にできるかどうか、解約時に手数料がどのくらいとられるかを含めて、慎重に判断したほうがよいでしょう。

「ｉｆ共済会」に関しては、入会手続きを行った葬儀社で葬儀の内容を決めていない場合もあるため、碑文谷氏にならえば「生前予約」となります。ｉｆ共済会会員となり、葬儀を執行した場合、基本葬儀料金の10％にあたる弔慰金を受け取ることができます。ほかにも葬儀以外の相談、たとえば、栄養・食事相談、介護相談、医療機関の案内などが無料で相談できます。また、有料になりますが、レジャー施設の優待サービスや家事代行紹介サービス、お元気コールサービスなど、身の回りや高齢期に必要と思われる紹介サービス事業もあります。もちろん、葬儀にかかわる法律、税務、各種手続きなどの相談サービスも受けられます。これらは、全葬連と業務提携している専門の会社が行っています。また、提携保険会社があるので、if共済会会員本人の葬儀費用は終身保険に加入することで事前準備ができるようになっています。このような「生前からの相談サポート」もif共済会には含まれており、人生全般で生じうるだろうと思われる事柄やイベントなどのサポートを葬儀社と葬儀業界が提供しているわけです。これらは、全国どこでも使えるサービスで、各地域の葬儀社が独自で提供しているサービスが特典としてつくこともあります。

現在、if共済会には約14万5000人が登録しており、登録者の死亡を除いて、退会や解約はほとんどないとのことです。1万円のみで自由に解約できること、死後のサービス中心というよりもレジャー施設など生前から利用できるような特典が多くあるため、死亡以外での退会は少ないのでしょう。また、登録者の9割はｉｆ共済会を扱う葬儀社で申込をするので、死亡時の葬儀を依頼する事業者がすでに決まっていること、死後にかかわる法律相談まで行えることもあり、特に退会や解約をする必要がないのでしょう。

ただ、登録者の地域的な偏りはあるようで、東京都などでの入会は少ないようです。これは、地方から東京に出ている人も多く、親族が別のところに住んでいるため、二親等までといった場合、同じ地域でサービスが受けられないなどの事情もあるでしょう。近年では、葬儀社でｉｆ共済会のオンライン入会が整備されていますので、ホームページ上からも確認しやすくなっています。

『お葬式のお値段』（ＰＨＰ研究所）を書いた小谷みどり氏によると、１９９６年頃でｉｆ共済会を扱っていた葬儀社は、１０８社とのことでした。２０２３年時点で

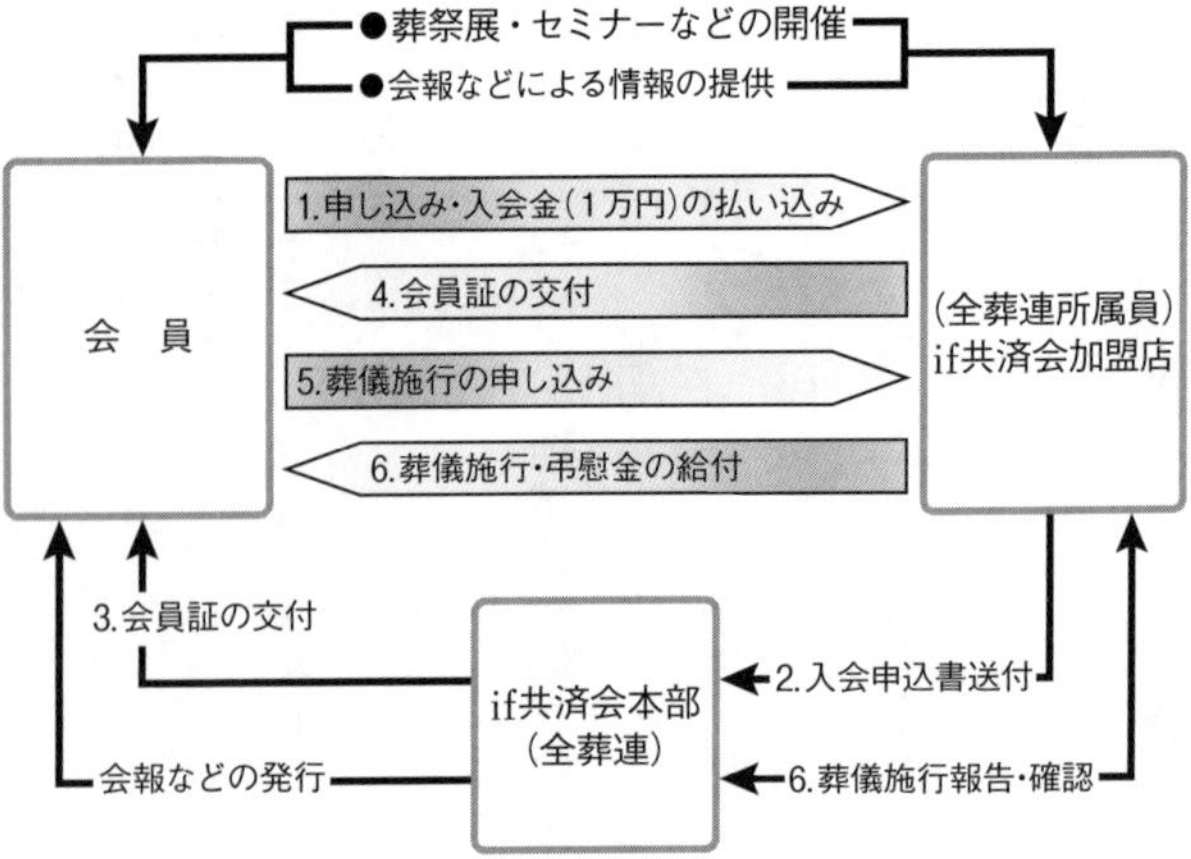

全葬連ホームページ https://www.zensoren.or.jp/ifkyosaikai/ifkyosaikai_01.html より

ｉｆ共済会を扱っている葬儀社は１００社以上となりました。全葬連によると、ｉｆ共済会発足当時と現在で明らかに変わったのは、葬儀について事前に相談・準備することが当たり前のようになってきたことだといいます。死にゆく当事者、もしくは家族が葬儀社に事前に相談してから葬儀をすることが、地域による差はあるものの７～８割になるところもあるとのことです。つまり、そうした事前相談とともにｉｆ共済会のニーズも高まったと考えられます。

秋田県と大阪府における「ｉｆ共済会」の事例

秋田県では、先に火葬をしてから葬儀をする風習があります。秋田県秋田市のＰ葬儀社では、そうした地元の風習に則って、火葬後に葬儀をするという形式の葬儀を扱っています。秋田県のように農業などが盛んに行われてきた地域では、数世帯が同じ敷地に住むということが多く、また地域の住民同士のつながりも強いことなどから、火葬後の葬儀に大勢が参列することもあったようです。しかし近年は、10〜20人の家族・親族が参列する家族葬が95％を占めるということです。この背景には高齢の親が秋田に暮らし、子や孫は他都道府県で暮らすという親子別居の世帯数が増えたことによるといいます。

また、地元で古くから認知されている葬儀社ということもあり、話をお聞きしたＰ葬儀社では事前相談が月に30件を超えるときもあるとのことです。当事者が自分の葬儀について相談に訪れる場合もあれば、親子一緒に来る場合、子どもが親の葬儀について相談に来る場合もあるとのことですが、相談しにやってきた人がｉｆ共済会の会員になる場合が多いそうです。また、Ｐ葬儀社には自社会員登録制度があり、そこの登録者がｉｆ共済会会員にもなっています。

なお、ｉｆ共済会は会員が亡くなった場合でも二親等以内であれば名義変更をすることでサービスを利用できます。ただ、Ｐ葬儀社では以前、ｉｆ共済会会員の独居者が亡くなり、その葬儀を行うのが三親等の甥や姪であったため、サービスが利用できないことになってしまうという問題があったそうです。秋田県のように都市に比べて家族や親戚との距離が近い地域でもそういった独居者のケースも増えているとのことで、二親等内しか利用できないという規程がハードルになっているとのことでした。こうした問題は何もＰ葬儀社だけに限ったことではなく、他地域からも二親等以外の人たちがそのサービスを受けられるような規定変更が必要ではないかと指摘されていました。生前の時点で親族関係がたどれなかった独居者のケース、生活保護を受給しているケースもあり、そうした独居者の生前から死後までのサービスが必要になると認識されているとのことです。

もう一つ、ｉｆ共済会にまつわる事例を紹介しましょう。大阪府東大阪市の東阪《とうはん》社《しゃ》マイホールでは、昨今、親族とのコミュニケーションが薄れてきたことやそしてここ数年は新型コロナの影響もあり、親族単位での加入もやや減っているようです。東阪社マイホールの近隣地域は、コミュニティが残っているところでもあり、地域の人が葬儀で手伝うこともありました。しかし、子どもが他都道府県に転出し、結婚、仕事などで別のところに居住地を構えるようになると、必然的に親族・地域のかかわる葬儀も変化しているようです。

東阪社マイホールによれば、事前相談などで葬儀について説明する際、その大半の人がｉｆ共済会に入会するとのことです。ただ、東阪社マイホールのある地域には、商店街があります。その商店街の団体にも加盟しているため、商店街の大売り出し期間中、チラシなどにもｉｆ共済会の案内を出し、それがきっかけで入会する方も一定数いるとのことです。また、入会者が近所の人に伝える口コミでの入会や、家族に迷惑をかけたくないからということで入会する場合もあるそうです。入会者は「基本葬儀料の10％の弔慰金が受け取れることで助かった」という感想を言う人が多いそうです。また、入会時、希望を聞きながら葬儀を行った場合、どのくらいの費用がかかるかなどの相談も受けるので、「予算の目途がたった」や「安心した」という感想もあるとのことです。東阪社マイホールでは一部の商店街加盟店でのサービスを利用できる自社会員に加え、ｉｆ共済会も利用することができるため「助かる」という感想が多いようです。

ここで紹介した秋田県と大阪府の葬儀社はどちらも地域に密着して長く継続している事業者です。ｉｆ共済会への加入は地域から信頼されていることの証でもあります。また、こうした事例からわかるように、相談・加入者も生前から死後まで続くさまざまなサービスを利用・消費する傾向にあるといえます。

事前相談員

葬祭ディレクター制度は、葬祭業に従事する人々の知識・技能の向上、社会的地位向上を図ることを目的として創設されました。1996年に労働省（当時）より技能審査として認定を受けています。それとは異なる事前相談員という資格が2012年にできました。この「事前相談員」は、葬儀社で事業者が紹介される際、言及されることも少ない資格ですので、葬祭ディレクターに比べてあまり聞いたことがないという方もいると思います。この資格は、「全葬連葬儀事前相談員資格」というのが正式名称で、全葬連の業界内資格です。葬儀社に事前に見積もりを依頼する機会が増えてきたことを背景に、消費者から寄せられるさまざまな疑問に対して適切に答えられる人材育成を目指して制度化されました。全葬連に加盟している葬儀社のスタッフにこの事前相談員という資格を付与することで、葬儀業界全体のレベルアップを目的とした資格制度と位置づけられています。

「事前相談員認定資格講習会の様子」2012年３月22日
PRTIMESより

事前相談員になるためには「全葬連に加盟する事業所（葬儀社）に3年以上在籍していること」が必須です。「葬儀接客サービスの概要と果たす役割、お客様に好感を持たれる接遇応対などお客様へのサービス、そして相続に関する法的知識など」について実技を交えた講習が行われ、講習後に学科および実技試験を行います。全葬連葬儀事前相談員認定者になると、認定証書とＩＤカードが授与されます。資格は3年ごとに更新されますが、更新手続きを行わないと資格が失効します。さらに、法律違反や資格保有者が出した申請書類の提出に虚偽内容があったり、消費者からの複数件の苦情が事実で、取り消しが妥当と判断されたりする場合も資格取り消しの対象となります。

事前相談と事後における葬儀社対応

葬儀に関わる仕事をしている人々は、葬祭ディレクターや事前相談員などのような資格を取得するために日々、熱心に勉強に励んでいますが、葬儀社でも社員やスタッフ向けに指導する際に用いられている『葬祭スタッフ入門』という本がありま す。葬儀の知識やそれにかかわる法的な知識も含められた教育本です。ただ、葬儀において必要なスキルや言葉遣いなどは、他のサービス業一般に通用する内容が主です。むしろ、現時点では、教育の主眼がそういった他のサービス業と変わらない内容にするところにあるのでしょう。とはいえ、やはり他のサービスとは違うところもあります。たとえば、「ご家族を亡くされた喪家様にとっては、葬儀をすること自体が大きなストレスといえます。大きなストレスを抱えている喪家様に、さらに別のストレスを与えるようなサービスは、絶対に避けなければなりません」と書かれています。

葬儀という他のサービス業とはまた違った対応が求められることから、実際の作業においても、その内容や手順だけではなく、心得についても触れられています。たとえば、遺体を取り扱う場面で必要なドライアイスについては、「素手で（遺体に）触れることは危険であるため、厚手の手袋などで手先を防護してから扱う」とあります。これは、ドライアイスを使用する業種などであれば覚えておくべき事項で、また死亡直後から始まる遺体からの感染症への対応として必須のことでもあります。葬儀業者は、必ずしも亡くなった方の詳しい疾患歴を知っているわけではありませんので、そのために対策が必要なのです。ただ、遺体を見る遺族への配慮も必要です。たとえば、「ドライアイスがお客様の目に触れないように布団・白布・タオルなどで覆い、冷却効果だけでなく美観も重視する」とあるように、ドライアイスが置かれている「モノ」のような扱いではなく、「人」として、また眠っているかのような処置をすることは忘れません。「遺体は「人格のある存在」であり、その尊厳を守ることは葬祭業の中心を占める重要な業務です」と先ほどの『葬祭スタッフ入門』には記載されています。

これらは、事後の葬儀社側の対応になります。むしろ事前相談に対応するための教育としては、相談者の要望——たとえば、葬儀の概算費用、家族葬の実際、必要以上に金銭的な要求をされないかどうか、など——をふまえ、的確な説明ができること、要望に応じた葬儀内容・プランを提示できること、また、相談内容が葬儀社側・相談者側双方で理解・共有ができることが求められています。特に事前に相談に来る人々への対応ですから、他社とも比較して判断されることを前提のうえで、対応することが求められます。かつては、事前に葬儀の相談をするということは、「縁起でもない」と言われていたわけですが、葬儀が「慣習的」に行わなければならないものから生前から相談した人の「希望が叶えられる」儀礼へと変化してきたことがわかります。とはいえ、死後、どのように葬られるかがわからなければ、それら費用の算出も難しいわけです。葬儀社は24時間体制で対応しますので、そこにはそれなりの費用がかかります。葬儀自体は簡素であれば、当然安くなるわけですが、24時間体制であることは変わりません。そこを納得してもらうのは難しいでしょう。

いざという時になると、遺族は気が動転してしまいます。また、どんな葬儀がよいかなど、その場で考えることも大変です。また、慌てているとどのような葬儀社がよいのかなどもなかなか判断しづらいこともあります。事前相談は、そういった時間的ゆとりのあるうちに冷静に判断したいという消費者の要望に応える制度でもあります。

事前相談と事前相談員の実際

本書でも繰り返し述べていますが、ここ数年は事前相談をしたうえで葬儀を決めるという人が圧倒的に多い傾向にあります。ただ地域によっては、改まった形で事前相談に訪れるというよりもお茶を飲みながら相談する、身内の葬儀がきっかけで相談に訪れるというさまざまなパターンがあります。正確にはわかりませんが、事前相談をする割合は全体の6〜8割ともいわれています。ただ、葬儀社選びから始まる事前相談のパターンとすでに地域に根ざし、葬儀社が決まっているパターンがあります。都市部以外の地域では、後者のパターンが多いと考えられます。葬儀社選びから始めるパターンの場合であっても、ネット広告で依頼する場合が少ないことを考えれば、家から近い葬儀社だから、という理由で決めることも多く、必然的に後者のパターンに近いといえます。

北海道小樽市のL葬儀社は、もともと地域に密着している葬儀社で、すでに顔馴染みという関係で依頼されることも多いそうです。そして社員が事前相談員資格を取得する過程では、葬儀の現場のことだけを知るのではなく、関連法規など幅広い知識が得られているとのことです。また、栃木県真岡市のY葬儀社も地域との関係が近く、コロナ禍で葬儀をどのようにしたらよいかわからないといった相談をよく受けるようになりました。このY葬儀社の社員は全員、資格を持っています。相談者は必ずしもこの資格を保持していることを知って相談してくるわけではありませんが、家族の葬儀を以前、担当してくれた者を指名して、相談することが多いといいます。この資格を取得する過程で勉強するため、担当者が的確な助言や対応ができるという、相談スキルのアップにもつながっているとのことです。

事前相談をしたい人は、ネットや本などからある程度の情報を得て葬儀社に相談しにやってきます。その際、葬儀社側として判断に困る場合があります。それは、相談者自身の葬儀の相談なのか、それとも家族の葬儀を出す側として（遺族になる場合）の相談なのか、そして、当事者と家族の意思がどこまでかみ合っているのかという点です。後々、「こんなはずじゃなかった」ということを避けるためにも、葬儀社側はどのくらいの規模、費用の家族葬を想定しているかを聞きながら他の家族、親族との意思確認などの調整、助言が必要になります。

葬儀社の社員は、実際、現場でも起こりうる事態を想定しつつ事前相談員の資格取得過程でその際の対応を学びます。事前相談が当たり前になりつつあるからこそ、そのときの相談内容や対応が後々影響してきます。そのための統一的で的確な知識が葬儀業界側にも必要とされているのでしょう。

【事例2】「お葬式組合」を通じた協同体――静岡県湖西市新居町での取り組み

その場に集まる人のための葬儀

まず、私のこれまでの葬儀の体験について少しお付き合いいただければと思います。私は、これまで親族の葬儀に7回参列しています。初めて葬儀に参列したのは、従兄弟の葬儀でした。従兄弟は、若くして亡くなりましたが、私自身、あまり葬儀の意味について深く考えることはありませんでした。ただ、自宅に連れて帰られた従兄弟の安らかな死に顔は覚えています。その後、人生で2度目の葬儀に参列しました。この時は、埼玉県内に住んでいた叔母の葬儀でしたが、そのときのことは、一部、記憶に残っています。叔母のときは、近所の公民館で営まれ、会葬者も多い葬儀でした。そして、地域（町内）の女性が料理などを作り、忙しそうに働いていました。

叔母の葬儀で最も印象的だったのは、喪主や親族のための葬儀というよりも、その場で働いていた人たちのために葬儀があるのではないかと思うくらい、皆、張り切っていたように見えたことでした。受付を手伝い、料理を作っている人たちは、故人を弔い、遺族にお悔やみを言うために葬儀を手伝うというより、葬儀の主役であるかのような印象をもちました。この葬儀のとき、私自身、手伝ってはいませんが、後年（叔母の葬儀から約10年後）、同じく埼玉県内で母方の祖母の葬儀に参列したとき、当時大学生だった私は、受付の手伝いをしています。そのときは、近所の手伝いは、ほとんどなかったと思います。

私が参列した葬儀では、遺族や親族の感情を中心として行われているというよりも、死を契機として、その場に人が集まることに意味のある葬儀が多かったように思います。ただ、叔母の葬儀のときのように地域住民が主導的に手伝う場合と祖母のときのように私が受付を行い、親族が中心となって行う場合では、やはり違います。２０００年以降に行われた父方の祖母や母方の祖父の葬儀では、冠婚葬祭互助会と葬儀社にほとんどを任せていました。それぞれの事例をみていくと、同じ葬儀というフィルターを通していても、まったく違う葬儀であるように見えます。ただ、葬儀における地域のあり方を考えていくうえで、ここで紹介する「セ・ラあらい商工葬祭協同組合」（以下、あらい商工葬祭）は、もしかしたら古くもあり、新しくもある地域の葬儀を提供しているかもしれません。

地域の商店による葬儀のサービス

静岡県湖西市は、静岡県の西端、愛知県との境に位置しています。市の中東部から南東部に位置する新居町は、古くから交通の要衝であり、当時の様子は新居関所などからもうかがえます。街並みは、整備され、江戸時代にタイムスリップしたかのような印象を与えています。

高度経済成長期以降、工場などが誘致され、第二次産業で働く人も増加し、商店も増えました。現在も湖西市には多くの工場があり、浜松市にも通勤可能なので、新居町は企業勤務者も多いです。しかし、商店はというと、減少傾向です。2007年には196店ですが、約10年前の1990年代は260店を超えていました。新居町の各店舗は、隣接する浜松市や湖西市のショッピングセンターなどに押され、現在まで減少してきました。こうした商店の衰退を背景にして、あらい商工葬祭は誕生しました。葬祭組合員として協力し合い、それが各商店の救済につながった事例として、あらい商工葬祭は中小企業庁の「がんばる商店街77選」にも選ばれています。

商店には、御菓子屋、八百屋、酒屋などがありますが、初代の理事長がそれらを活かせる事業が葬儀だと考え、商店主たちに声をかけてあらい商工葬祭をつくりました。というのも、御菓子屋は香典返しの品物を提供できますし、八百屋や酒屋は通夜や葬儀の飲食品を提供できます。写真店は遺影写真を、花屋は祭壇に飾る花を提供できます。葬儀であれば大体の店が参加できると考えたのだそうです。とはいえ、葬儀事業は未経験でしたので、まず、葬儀についての勉強会を開き、準備したといいます。また、資金面では、行政からの補助は一切なく自分たちで資金を捻出したとのことです。20万円を出資し、会員資格を得た33事業者（店舗）からこの組合はスタートしています。

先ほど挙げた商店以外の業種は、米穀店、寿司店、石材業、印刷業などです。基本的には1業種あたり2軒以上の事業者が加盟しており、1店舗が葬儀事業への提供を行っている場合は、もう1店舗は入らないという交替制になっています。また、各商店も新居町内で1か所に集まっているのではなく、方々に散らばっています。現在、あらい商工葬祭に所属している商店主たちは2代目や3代目が多く、60代から80代の方々です。高齢になっても商店主と葬祭組合の組合員という二足の草鞋を履いています。組合員の定着率は高く、辞めていく人は少なかったのですが、後継者がいないなどの理由から廃業したところもあり、現在は、24事業者に減少しています。

葬祭組合誕生には、商店主による危機感や生き残りの戦略だけでなく生活改善運動が間接的に影響しています。戦後に実施された生活改善運動では、町で葬儀の祭壇や棺を保有し、儀礼で必要になった際、貸し出しをしていました。そのため、葬祭組合を立ち上げる際にも葬儀の物品が町内でそろいやすく、また商店主たちは葬儀にかかわる抵抗感がなかったといいます。実は、農協も葬儀を手がけていましたが、あらい商工葬祭を立ち上げて、役場も地域の活性化につながるならと協力的であったとのことです。

設立当初から葬儀の取り扱い件数は伸びています。葬儀の件数が伸びたことについては、以前、「地域の人が助けてくれたからだ」という話をあらい商工葬祭の組合員から聞いたことがありました。葬祭組合側も依頼する住民側も「お互いが助け合っている」という感覚があり、葬祭組合をやっていなかったら、潰れてしまう商店もあっただろうと話してくれました。

実は、新居町にかぎらず、商店で提供する物品を葬儀に回すというのは、自宅で葬儀を行い、近所の人が手伝うかつての葬儀では見られた光景でした。しかし、葬儀が自宅から葬儀会館へと移動し、近所の人の手伝いも減少していくと、自宅近辺の商店で葬儀に必要な物品をそろえることもなくなっていきます（葬儀社が地元商店と提携している場合は別ですが）。

では、あらい商工葬祭はかつての葬儀を復活させただけ、と考えてよいのでしょうか。かつての葬儀と違うのは、葬祭組合をつくったことで、新居町内だけでなく湖西市の別の地域からも葬儀の受注を受ける体制ができたこと、より幅広い経済活動の機会を得たことでしょう。葬祭だけのための社会関係ではなく、地域内の商店を通じた社会関係（ネットワーク）も活用し、それが結果的に新居町という地域全体を活性化させています。現在、遺体搬送は外部の事業者に委託していますが、葬祭組合における従業員はほぼ新居の人たちです。つまり、地域の雇用創出にも貢献しているわけです。

あらい商工葬祭の場合、協同組合にした理由は、「一番早くできる」ことと、「株式会社にしても町の活性化にはつながらない。かえって町をダメにしてしまう」ということでした。この組合をモデルとして、協同組合を立ち上げたところもあるようですが、継続させていくのはなかなか難しいようです。しかし、あらい商工葬祭は、すでに20年以上継続しています。その要因としては、個々人の利益追求に走るのではなく協同しながらそれぞれの負担と利益を分け合うということを組合に参加する人たちが維持してきたからだと考えられます。そして、この協同性を支えているのは、おそらく「自分たちの商店、自分たちの地域を自分たちの力で再興する」という理念だと思われます。

葬祭組合が地域内商店を救う産業振興にもなり、結果的に個々の商店の問題を解決することにもつながっています。ただ、商店との両立はなかなか難しいのも現実です。商店を活かすための葬儀だったとはいえ、店舗を経営しながら人が亡くなる状況にすぐに対応しなければならないという意味では非常にハードです。夜間、葬儀の依頼を受けたとしても、できるだけすぐに駆けつけ、睡眠時間を削って対応することになります。また、インタビューに応じてくれた別の組合員のAさんに夜間での死亡連絡を受ける体制について尋ねたところ、夜間は2人体制で、4人が交代しながら電話対応などをしているとのことです。Aさんは、「私らは地元の人から連絡きたら、『できません』とは言えないんですよ」と話していました。

24時間体制の維持だけでなく後継者不足など商店の廃業危機に直面しながらも地域住民の多様なニーズにこたえていくのは難しいところもあるでしょう。将来にわたってあらい商工葬祭の商店や組合員、そして従業員が長く働けるような体制をつくっていきたいとのことです。

新居町における葬儀の変化

新居町では、火葬が早い時期から定着していたといいますが、松山・大倉戸地区では昭和40年頃に土葬から火葬になりました。以前は自宅で葬儀が行われていました。あらい商工葬祭でも葬儀の依頼が入ると、葬儀の準備の打ち合わせに向かい、寺院と打ち合わせをして日取りを決定するだけでなく、葬儀の段取りや役割を決めるため、隣家（リンカ）と呼ばれる葬儀の時に近所の方々が手伝う隣組に頼む仕事の打ち合わせも行っていました。若い人が他県に出るなどでコロナ禍前から近所の手伝いも少しずつ減っている傾向にあったといいます。

さらに、新型コロナで「濃い肉親でも葬儀に呼んじゃダメ、という風潮があった」ため、遺族が「遠方の親戚は来てもらうのはやめようか」ということもあり、通夜の際、寺院と親族だけで行い、一般の参列者は同席しない形式となったとのことです。ただ、別の組合員のQさんによると、実は、新居では自宅で通夜を行う場合、もともと寺院と親族だけで行われ、一般の参列者が同席するという形ではなかったといいます。Qさんによると「新居は、流れ通夜」で、「式場ができて一般の参列者が座っていただくという形になりましたね」とのことでした。つまり、自宅での葬儀はもともと一般の参列者が座らない通夜であったのが、コロナ禍で密を避けるために式場でもその形式になったというわけです。また、翌日行われる葬儀でも近親者のみの形式が新型コロナの影響で増えたとのことです。なお、ここでいう式場とは、湖西市が運営する火葬場にある湖西市新居斎場（やすらぎ苑）のことです。新居斎場は、霊安室が1日3000円で、大式場を通夜・葬儀に使用の場合は9万円、小式場を通夜・葬儀に使用の場合は7万円、火葬料は1万円となっています。ちなみに湖西市外の住民がそこを利用する場合は、2割増しとなります。

2023年以降の通夜がどうなったかというと、一般参列者が座る形に戻りつつあると組合員のAさんは言います。さらに、町内の居住者で直葬と呼ばれる火葬場に直行する葬儀を選ぶ人は少ないようです。2019年度から2023年度までの直葬をみても約10%前後で推移しており、コロナ禍の影響はなく、ほぼ一定です。それだけ地域、親族関係が維持されているともいえます。

ところで、あらい商工葬祭でも事前相談に対応していますが、組合員のAさんによれば、「本当にどうしていいかわからなくて相談にいらっしゃる方もいますし、うちのおじいちゃん、おばあちゃんがもしもの時はどうしたらいい？　と確認に来られる方もいます」と、家族や親族の葬儀に関する事前相談が最も多いとのことです。ただ、本人が終活の一環で相談に来る場合や、商店に町内の知り合いが相談に来たので、改めてあらい商工葬祭に相談に訪れるというケースもあるそうです。前もってあらい商工葬祭に依頼しようと考えたうえで、店を通じて葬儀のことを尋ねる場合もあり、知り合いに気軽に相談してみようという感覚で尋ねているといえます。

現在、あらい商工葬祭では、「セ・ラ友の会」という入会金・年会費無料で祭壇料金や基本料金の割引サービスを提供しています。１６００人が会員登録しています。年に数回の折り込みチラシを見て「セ・ラ友の会」会員登録を希望される場合もあれば、ホームページなどからの申込みもあるそうです。組合員のAさんによると、「セ・ラ友の会」の会員になると、病院から慌てて電話されたとしても、時間をかけずに打ち合わせができるため、遺族の方々に休んでもらう時間がとりやすいとのことです。

地域住民でありながら、葬儀を仕事としてサポートするということは、どういう状況なのでしょうか。以前、インタビューした組合員のIさんによると「われわれは、葬儀社をやろうと思っていたんじゃなくて、地域の人を送ってあげよう」という気持ちで、自分たちのことを「近所のお手伝いに詳しい人」だと思っていると話してくれました。新居町内でも慣習が微妙に違うところもあり、そういうことを知っているという意味では、「近所のお手伝いに詳しい人」というスタンスになるのでしょう。組合員のAさんとQさんは、「もしもの時、あそこに頼んでおけばいいや、と思っていただける存在であれば、ありがたい」と話します。商店主として直接、住民とかかわっているからこそ、葬祭組合の組合員や従業員としてというよりも「新居町内の一員として」葬儀に携わっているのです。

セ・ラあらい商工葬祭のチラシ（筆者撮影）

あらい商工葬祭「初盆飾り」に向けて準備された展示品（筆者撮影）

ただ、自分の同級生や知っている人の葬儀を行うことは、非常に辛い部分もあり、「我慢してやるしかない」と話していました。そしてAさんは「本来、やるべき仕事を飛ばさないよう踏ん張ってやる」、Qさんは、「自分の身内が亡くなったばかりのときに他の方の葬儀をやると、やはり自分の経験と重なってしまう」とのことでした。家族や知っている人の死にかかわることの辛さを感じながらも、心の中にとどめて仕事をしています。

新居町以外の葬儀については少ないですが、たとえば新居町内の寺院に墓がある場合は、家族が新居町以外に居住していても、あらい商工葬祭に依頼するといいます。町内での居住経験があると、わざわざ他の地域で探すのではなく「いざという時はあそこに頼もう」となるのでしょう。

【事例3】日本のプロテスタント教会における「死」と「葬儀」

独自の発展を遂げてきた日本のプロテスタント教会での葬儀

キリスト教は大きく分けると、カトリック教会、正教会、プロテスタント教会があります。プロテスタント教会は、16世紀の宗教改革によってカトリック教会から分かれ、ヨーロッパで誕生しました。その後のプロテスタント教会は、それぞれの特徴を大切にしながら活動をし、たくさんのグループ（教派）に分かれています。

日本では、戦国時代にカトリック教会がキリスト教を伝えましたが、江戸時代になると禁止されました。その後、明治時代になると禁止が解かれ、欧米のプロテスタント教会も日本にやってきてキリスト教を伝えました。１８７２年には日本で最初のプロテスタント教会として横浜に「日本基督公会」が設立されました。

現在、日本の最大のプロテスタント教団である日本基督教団は、2021年度（2022年10月15日時点）で1660の教会を有し、信徒数は15万8678にのぼっています。北海道から沖縄まで17の教区に分けられ、それぞれの教区にある教会で礼拝や聖書の研究会、祈禱会、その他の集会による宣教活動が行われています。キリスト教の信徒数は日本の人口1％未満といわれており、信者以外でキリスト教の葬儀に参列したことのある人は多くないという状態です。

日本で行われているキリスト教の葬儀は、日本独自の発展を遂げてきました。『キリスト教における死と葬儀』を著した石居基夫氏は、大半がキリスト教徒ではない社会のなかで受け入れられるようにする、ある種の工夫があったと思われます。その点について、「まず、その亡くなった人にとって『死』の出来事が確かに神様の御手のうちにあることを確認し、また改めて主にすべてを委ねていくためである。それと同時に、遺された者がその葬りをキリスト教信仰において執り行い、神様の与えてくださる慰めと希望を受け取っていくために行われるといってよいだろう。

だから、亡くなった本人がたとえキリスト教信仰を持っていなかったとしても、遺族がその葬儀によってキリストからの慰めと希望を求めるのであれば、キリスト教式でその方の葬儀が行われることがあってもよいと思う」と述べ、遺族がキリスト教信徒で死者がそうではなかった場合について説明しています。ではキリスト教の葬儀はどのような流れで行われるのでしょうか。また、日本人の多くが経験する仏式の葬儀との違い、もしくは類似点などはあるのでしょうか。

キリスト教の葬儀式文（祈禱文）を検証している関西学院大学神学部の中道基夫氏によると、日本基督教団の葬儀には、「遺族の慰め」、「天国における平安」、「天国における神と亡くなった家族との交わり・再会」、「死を通しての信仰教育」という「4つの特色と日本的要素の混入」があるといいます。「主としてアメリカの教会から伝えられた葬儀式文の中では、終末論的な最後の日がこの世における人生の最後と同一視されている。日本の葬儀式文においては、天国への帰還とそこでの平安な生活の中に救いが見いだされており、また、キリスト教葬儀のテーマとして復活の代わりに天国での再会が前面に押し出されている。日本のキリスト教において輪廻思想は見いだすことはできないが、「死後浄土に帰っていく」という日本的なあの世理解の影響は祈禱文の中に見いだすことができる」（『天国での再会——日本におけるキリスト教葬儀式文のインカルチュレーション』日本キリスト教出版局）と述べています。つまり、仏教的死生観の要素がキリスト教の葬儀に影響を与えていること、また悲しみをもたらす儀礼においてキリスト教は自己変革していく可能性があることを示しています。とはいえ、儀礼のプロセスを大幅に変革するという意味ではないでしょう。では、実際のところ、牧師、遺族、葬儀社がかかわって、どのように進行していくのかをみていきましょう。

第2章では、「死亡の状況とその後」、「納棺と儀礼準備」、「通夜、葬儀・告別式」、「火葬とその後」と4つの段階に分けて、主に仏式の葬儀における家族の対応に触れました。プロテスタントの葬儀（日本基督教団の葬儀）では、「枕頭《ちんとう》の祈り・臨終の祈り」、「納棺式・出棺式」、「前夜《ぜんや》式・葬儀」、「火葬前式・埋葬式・納骨式・記念会」にして牧師を中心とした遺族、葬儀社との対応を書いていきます。ここでは家族からの視点で葬儀の流れをみていくというよりも、キリスト教の葬儀に牧師がどうかかわっているのかをみながら葬儀前後の流れを紹介したいと思います。その理由は、日常的に信徒と牧師が深くかかわっており、そのことが葬儀の流れと深くかかわるからです。その点において、遺族と葬儀社である程度決めていく仏式の葬儀とは異なっています。つまり、葬儀における牧師の果たす役割は非常に重要です。以前、牧師として信徒の葬儀を導かれた方（ここでは、Zさんとします）に葬儀と葬儀社とのやり取りについてインタビューを行ったことがあります。本書ではZさんの話を元にしながら、プロテスタントの葬儀の概要を時系列でまとめたいと思います。

プロテスタント教会での葬儀の流れ

①枕頭の祈り・臨終の祈り

病床で危篤を告げられた家族は、まず牧師を呼びます。信徒の死の前に牧師に立ち会ってもらうためです。家族から信徒の危篤の連絡があれば、牧師は早朝でも深夜でも駆けつけなくてはならないので、24時間対応です。お話を伺ったZさんも「信徒さんの死の間際に駆けつけるということは、常に頭の片隅にあった」と言われていました。信徒は日常的に教会に通っているので、牧師と接する機会は多くなります。信徒が持病を抱えていたり、病気になってしまったりするとそれを牧師に相談するケースもあると思われます。あくまでも信徒との会話から得る範囲の情報ですが、牧師は誰の具合がどのくらい悪いかなどはある程度は把握しているとのことです。信徒の家族が教会に通っていない場合は、牧師との接点がない、あるいは少ないため、信徒本人から家族に自身が危篤になった際、牧師に連絡をするようお願いしているといいます。その点では、信徒と牧師の関係は非常に緊密だといえますし、信徒の死に臨むことは職務でもあります。ただ、死に際に間に合わなかった場合もありますし、信徒の死後に牧師に連絡が入ることもあるとのことです。

家族から信徒の危篤の連絡を受けた牧師は、指定された場所に出向いて祈ります。

臨終に際して、「枕頭の祈り・臨終の祈り」を行います。信徒が安らかに天に召されるように牧師が聖書を朗読して祈りを捧げるのです。臨終を迎えると、亡くなった場所が病院であれば、遺体をどこに安置するかを決めます。このとき、遺族は牧師と話し合いながら遺体の安置場所と葬儀社を決めます。安置場所については自宅のほか、教会であるケースもあります。また葬儀会館にある安置施設、もしくは火葬場の安置施設などになるときもあります。牧師は遺族の希望を聞きながら、安置場所を決めていきます。なお、葬儀社を決める際、Zさんは、キリスト教専門の葬儀社に依頼することが多かったといいます。キリスト教専門の葬儀社は、経営者がキリスト教徒のことが多く、キリスト教で行われる葬儀についてもよくわかっており、スムーズにやり取りができます。ただ、すでに遺族が決めている葬儀社がある場合は、その葬儀社に依頼するとのことです。安置場所が決まったら、葬儀社に依頼して遺体を搬送します。

②納棺式・出棺式

遺体の搬送先が自宅や葬儀会館など、その場所によっても違うと思いますが、自宅で安置する場合は、遺族がその準備をし、葬儀社が遺体を搬送することになります。教会に遺体を安置する場合は、牧師が受け入れる準備をします。ここでは、教会で安置した後に行われる儀礼準備を想定して紹介します。

遺体を教会に安置した後、葬儀社などと打ち合わせをします。Zさんによれば、牧師は式を司るだけではなく、棺や葬儀の際に必要なもの、段取りなどを葬儀社と決めるとのことです。なお、教会での葬儀は仏式のような祭壇はなく、献花台の設置や生花を準備することが中心になります。牧師は遺族と一緒に遺影や御礼状の文章などを考えます。遺族からの要望などを踏まえて牧師は遺影や御礼状について葬儀社に伝えます。遺族は悲しみのなかにあるので、そうした事務的な負担をかけないように、という配慮から、牧師は遺族に代わってさまざまな手続きをする場合があるのです。また、牧師はオルガニスト（オルガン奏者）や葬儀の手伝いをしてくれる信徒なども決め依頼します。もちろん、遺族でなければ決められないこと、たとえば、親族への連絡や飲食を行うかどうか、などはありますが、棺やお返し物などは牧師と葬儀社で相談して決めることもあるとのことです。これには、理由があります。

たとえば、生前、頻繁に教会に通っていた高齢の信徒で家族と同居していない場合は、牧師のほうが別居している家族よりも信徒の身体的、経済的事情などを知っていることがあるとZさんは話します。また、病に罹《かか》った場合、病床の祈りも行うため、牧師と信徒の生前からの付き合いが緊密であるといいます。

さらに、教会では、死についての講座が開かれることがありますが、その講座に来た信徒にエンディングノートを書いてもらっていたとのことです。本人の希望する葬儀やどんな聖句（聖書の言葉）を読んでもらいたいか、どの賛美歌を歌ってほしいか、誰に連絡をしたいか、など書いてありますので、それらを遺族に見せながら、葬儀の段取りを決めていきます。また、牧師は、前夜式や葬儀で故人のことにも触れる話をするので、エンディングノートを遺族に見せつつ、遺族から故人との思い出について話を聞くことは、葬儀の準備のための大事な時間となります。牧師は遺族に寄り添い、葬儀社とともに決め、葬儀についての段取りや見積りを遺族に確認してもらいます。遺体が棺におさめられる納棺式の際は、遺族など近親者が立ち会い、牧師は納棺の祈りを捧げます。

③前夜式・葬儀

前夜式、葬儀と2日間にわたって行われますが、これは仏教における通夜、葬儀・告別式の影響だとZさんは言います。前夜式と葬儀において牧師は礼拝と説教をしますが、説教で話す内容は牧師によってさまざまであるといいます。Zさんの場合、前夜式では、「キリスト教の死の意味」や希望につながるような説教をするとのことで、葬儀の場合、故人の人生を紹介しながら信仰の状況や関わりを話し、最後にキリスト教における死の意味を説くとのことです。故人にゆかりのある聖書の一句などが選ばれることもあるようです。

信徒以外の一般の参列者は前夜式か葬儀のどちらかに参列する場合が多く、会社を休めないなどであれば、前夜式に参列することが多いとのことです。ただ、同じ教会の信徒たちは、2日間とも出るケースが多く、かつ受付などの手伝いを申し出る人が多いそうです。また掃除や準備など同じ教会の信徒が手伝うこともよくあり、故人と親しい人であればあるほどずっとそばについているとのことです。

葬儀当日は、オルガンによる前奏から始まり、聖句を牧師が読み、参列者で賛美歌を歌います。その後、説教があり牧師は祈禱します。オルガンによる後奏があり、遺族代表の挨拶が行われ、設置された献花台に参列者は花を捧げます。前夜式も葬儀当日と似たような流れで行われます。

その後、出棺となりますが、このときも牧師が祈禱します。

④火葬前式・埋葬式・納骨式・記念会

教会から火葬場へと棺が送られた後、火葬炉の前で牧師は聖書を読み、祈ります。火葬後は骨上げをします。遺骨は埋葬までの間、家に置くか、教会に預け、墓地が決まっていたら納骨になります。キリスト教信者が入る教会共同墓地もあり、そこに収蔵されることが多いとのことです。納骨時にも牧師が祈禱するとのことです。なお、仏式である四十九日法要のような儀礼は、プロテスタントにはありません。ただ、日本のそれと近い儀礼としてキリスト教会でも50日目に記念会が行われます。日曜の礼拝の後に遺族が昼食を準備し、祈りを捧げた後、故人の思い出を語ってもらうなどをするそうです。そうした記念会は仏式の法要の影響を受けているとのことです。また、教会で亡くなった人全員の生きた証しを覚える召天者記念礼拝が1年に1回、11月の第1日曜日に必ず行われています。

信徒を仏式の通夜・葬儀に呼ぶこと

先ほども述べましたが、葬儀社のなかにはキリスト教の専門の葬儀社があります。故人が信徒である場合はほとんどがそうした専門の葬儀社に依頼するといいます。

教会で前夜式、葬儀を行う際、どの位置に棺と献花台を置くか、故人の写真の位置など通常の仏式葬儀とは異なる点が多々あります。さらに、牧師がどの位置に立って礼拝や説教を行うかなども細かいところまで把握しているので大きな混乱を招くことなく信徒を送ることができるといいます。

私自身、都市部の葬儀社で調査したことがありますが、仏式の葬儀で僧侶が遺族とともに葬儀社と相談しているというケースは、見たことがありませんでした。通夜・葬儀の日程については、菩提寺があれば遺族が連絡をして調整していますし、菩提寺が通夜・葬儀を執り行えない場合は、葬儀社が手配できる寺院に葬儀社側が連絡を取り、日程を調整していました。

ところで、親しい人がキリスト教を信仰されている場合、仏式の葬儀に呼んでも大丈夫なのだろうか、と躊躇《ちゅうちょ》されることがあるかもしれません。これについては、宗教者や信徒が「どれだけ他の宗教に対して寛容であるか」を見極めることが重要となります。『慰めと希望の葬儀――キリスト教葬儀の考え方と実際』（日本キリスト教団出版局）には、「キリスト者として他宗教の葬儀に参列することがありますが、どのような態度で臨むべきでしょうか。たとえば、焼香などをしてもよいのですか」という信徒からの質問が掲載されています。この質問に対し、「【前略】もっとも大切なことは、どこに行っても私たちの信仰は変わらない、ということです。仏式の葬儀に出ても私たちはキリスト者ですし、キリスト者として死者の葬りに参加するのです。ただし、それは他の宗教に対して敬意をはらわないということではありません。仏教者がその信仰にのっとって行う葬儀であるなら、たとえ信仰は異なっていても、その式を大事にするという気持ちを失うべきではないと思います」としたうえで、焼香についても「律法的に焼香をしてはならないというのではなく、むしろ私たちとしては、その場で心を込めて死者のために執り成し、ご遺族に神のかえりみがあるよう黙禱する、といった方法などが考えられるではないでしょうか」と具体的に述べられています。つまり、他の宗教の葬儀に参加してはならない、焼香をしてはならない、とするのではなく、自らの神への信仰のもとに遺族に対して慰めがあるようにということを勧めています。

実際、社会生活のなかで信徒は仏教の葬儀に出席する機会も多くなっています。ただ、日常的に親しい付き合いのある人々はやはり同じ信仰を持つ人々でしょう。キリスト教の場合、信者人口が少ないこともあり、教会に通っていれば、自然と故人のことを知ることになります。Zさんの話からもわかるように葬儀は「神への礼拝」と同時に「遺族への慰め」であることから、故人と近しい存在や同じ教会に通う信徒が葬儀にかかわることの意味が明確にされています。死後において、神のもとに帰る信徒とその身近にいた遺族をサポートすることが牧師や葬儀社の役割でもあることがわかります。

たとえ異なる信仰を持っていたとしても、遺族への慰めや共感は禁じられるようなものではなく、むしろ理解されるよう促されるものなのだといえます。Zさん自身、他宗教の方が教会での葬儀に参加することは問題ないと考えているとのことでした。もちろん、すべての牧師、教会信者が同じ考えではないかもしれませんが、信徒ではない人が参列したとしても葬儀の意味を説いてくれる牧師もいるのです。最後にZさんは、死期が近い信徒の言葉を紹介してくれました。「(私は神のもとに行けるので) 死は怖くないです」とその信徒はZさんに話したというのです。「葬儀、死、一つ一つ学ばせてもらいました」と述べたZさんの表情が大変印象深く記憶に残っています。

日本におけるプロテスタントの葬儀は、仏教の影響をある程度受けながら独自の形式として執り行われてきました。その場においては、キリスト教を信じる者、別の宗教を信じる者、そして無宗教である者というように異なる信仰を持つ人も受容しながら行われてきました。

事例のように生前からつながりをもち、サポートする人々と一緒に死を悼む過程こそが葬儀の本質的な意義なのだとすれば、どのような社会になっても、その機能が失われず続いていくのではないでしょうか。

おわりに——誰かに託す、そんな葬儀でもいい

本書の執筆がいよいよ終盤に差しかかろうとしていた2024（令和6）年1月1日、「令和6年能登半島地震」が起きました。それから約3か月が経過しようとしていますが、今もなお避難生活をされている方々がたくさんいらっしゃいます。それらの方々のためにできることを私の立場から考えると非常にかぎられます。ですから、今は一日も早く日常に戻れることを願うのが精一杯です。この地震では残念ながら多くの方々がお亡くなりになりました。祈ることしかできないのかと悶々とした日々を過ごしていたところ、被害が大きかった地域の自治体では各地域の葬祭協同組合や霊柩自動車協会と連携して、棺、搬送などの対応にあたっているというニュースを耳にしました。災害時、死者が出ないことが一番です。しかし、どうしてもその命を救えなかった場合、社会的に死者を葬るための協力体制が整えられ

ていることをここに記しておきたいと思います。

死はいつ訪れるかわかりません。いざというときのために、「できるだけ家族に迷惑をかけずに」と考え、終活を始められる方も多いでしょう。そう思っても実際、死後のことを誰の世話にもならないというのは、難しいものです。また、家族がそれを担ってくれるとも限りません。とはいえ、家族に迷惑をかけたくない気持ちと同時に、できれば「家族に託したい」、「誰かに死後を託したい」と思う方も意外と多いのではないでしょうか。なぜなら死後のことを誰かに託すと思わなければ、「自分の葬儀は不要」などと考えても仕方がないからです。

死後を託され、遺された人たちが周期的に死者を思い出せるようなシステムとして、儀礼が行われてきたのだとすれば、それ自体を必要か不要かで考えることはないように思います。別の形で死者を思い出す営みがあってもよいですし、皆で集まってご飯でも食べながら思い出を語りあうのでもよいと思います。

この本では、葬儀業界の歴史について振り返り、社会や経済の変化を受けながら、儀礼も変わり、変わらねばならなかった背景などについて触れてきました。ただ、死や死に向き合う人間の姿勢は、いつの時代でも恐怖であれ、寂しさであれ、それはあまり変わっていません。そして冒頭でも書いたように、死ぬ時「ああ、誰かに託していけるのだ」と思うことができるのは、案外幸せなことだと思っています。迷惑をかけない死に方を考えることが終活の動機になっている人も多いと思いますが、「迷惑」を起点として考えるのではなく、今、築いている関係を人生の最期まで大切にするには、どうしたらよいのかというところから終活について考え始めてみてはいかがでしょうか。私自身、このことについては今後も研究を続けていきたいと考えています。

本書を書くにあたっては、葬儀業界の方々をはじめ、様々な方々にお世話になりました。インタビューを受けていただいた皆様、また葬祭ディレクター制度や事前相談、ｉｆ共済会について教えてくださった皆様には、心より感謝申し上げます。あらい商工葬祭共同組合の方々には、10年以上前からお世話になっています。訪れるたびに新たな魅力が見つかる町でもあります。町のこと、葬儀の慣習などを教えていただきましたことに厚くお礼申し上げます。プロテスタントの葬儀については、元牧師の方からていねいにご教示いただきました。本当にありがとうございました。平凡社新書担当の平井瑛子さんには、助言を賜り、また忍耐強く励ましていただきました。原稿については多くの指摘と示唆をいただきました。平井さんに伴走していただいたおかげで、なんとか書き終えることができました。心より感謝申し上げます。ありがとうございました。

２０２４（令和６）年４月

玉川貴子

※本研究の一部は、JSPS科研費JP23K01762の助成を受けたものです。

主な参考文献

小谷みどり『お葬式のお値段』ＰＨＰ研究所、１９９８年
中牧弘允、日置弘一郎編『社葬の経営人類学』東方出版、１９９９年
平出鏗二郎『東京風俗誌』ちくま学芸文庫、２０００年
北川慶子『高齢期最後の生活課題と葬送の生前契約』九州大学出版会、２００１年
碑文谷創『死に方を忘れた日本人』大東出版社、２００３年
碑文谷創『新・お葬式の作法――遺族になるということ』平凡社、２００６年
中筋由紀子『死の文化の比較社会学――「わたしの死」の成立』梓出版社、２００６年
山田慎也『現代日本の死と葬儀――葬祭業の展開と死生観の変容』東京大学出版会、２００７年
島田裕巳『葬式は、要らない』幻冬舎、２０１０年
木下光生『近世三昧聖と葬送文化』塙書房、２０１０年
藤村正之編『いのちとライフコースの社会学』弘文堂、２０１１年
井上章一『霊柩車の誕生　増補新版』朝日文庫、２０１３年
星野哲『終活難民――あなたは誰に送ってもらえますか』平凡社、２０１４年
中道基夫『天国での再会――日本における葬儀式文のインカルチュレーション』日本キリスト教団出版局、

２０１５年
石居基夫『キリスト教における死と葬儀――現代の日本的霊性との出逢い』キリスト教新聞社、２０１６年
玉川貴子『葬儀業界の戦後史――葬祭事業から見える死のリアリティ』青弓社、２０１８年
『ＳＯＧＩ』表現文化社、１９９０〜２０１６年
『Funeral Buisness』総合ユニコム株式会社
五〇年史編集委員会『東葬協五〇年のあゆみ』東京都葬祭業協同組合、２００３年
全葬連五〇年史編纂委員会編『全葬連五〇年史』全日本葬祭業協同組合連合会、２００６年
村上興匡「大正期東京における葬送儀礼の変化と近代化」『宗教研究』64（1）、pp.37–61 日本宗教学会、１９９０年
『信徒の友』編集部編『慰めと希望の葬儀――キリスト教葬儀の考え方と実際』日本キリスト教団出版局、２０１０年

【著者】
玉川貴子（たまがわ たかこ）
1971年生まれ。名古屋学院大学現代社会学部准教授。専修大学大学院文学研究科社会学専攻博士課程修了。2016年より現職。専門は死の社会学、家族社会学。単著に『葬儀業界の戦後史——葬祭事業から見える死のリアリティ』（青弓社）。共著に『いのちとライフコースの社会学』（弘文堂）、『喪失と生存の社会学——大震災のライフ・ヒストリー』（有信堂高文社）、『サバイバーの社会学——喪のある景色を読み解く』（ミネルヴァ書房）など。

平凡社新書1059

葬儀業
変わりゆく死の儀礼のかたち

発行日——2024年5月15日　初版第1刷

著者———玉川貴子
発行者——下中順平
発行所——株式会社平凡社
〒101-0051 東京都千代田区神田神保町3-29
電話 （03）3230-6573［営業］
ホームページ https://www.heibonsha.co.jp/
印刷・製本—株式会社東京印書館
装幀———菊地信義

ISBN978-4-582-86059-7